# शीट मेटल वर्कर SMW हिन्दी MCQ

मनोज डोळे

Made with ♥ on the Notion Press Platform
www.notionpress.com

डिजिटाइजेशन समय की मांग है। भविष्य में, प्रशिक्षण को अधिक सुविधाजनक और आसान बनाने के लिए ऑनलाइन इंटरनेट का उपयोग करके औद्योगिक प्रशिक्षण संस्थानों में प्रशिक्षण आयोजित करने की आवश्यकता होगी। एमसीक्यू प्रश्नों के एक सेट वाली ई-पुस्तकें प्रशिक्षुओं को उपलब्ध कराई जाएंगी क्योंकि उन्हें अपने औद्योगिक प्रशिक्षण संस्थानों में होने वाली ऑनलाइन परीक्षाओं की तैयारी के लिए बहुविकल्पीय प्रश्नों एमसीक्यू के अधिक आदी होने की आवश्यकता है।

इन सब बातों को ध्यान में रखते हुए औद्योगिक प्रशिक्षण संस्थान सतारा के प्रशिक्षक श्री मनोज मधुकर डोले ने नई वार्षिक प्रणाली और एनएसक्यूएफ-5 पाठ्यक्रम के अनुसार पुस्तकें लिखी हैं। और उन्होंने प्रशिक्षण को आसान बनाने के लिए सैद्धांतिक मोबाइल ऐप और ब्लॉग बनाए हैं, और इन सभी शैक्षिक सामग्री को विश्व प्रसिद्ध वेबसाइटों Google Play Store, Amazon और Apple Book Store पर डाउनलोड के लिए उपलब्ध कराया है।

पुस्तकों का प्रकाशन माननीय सहसंचालक श्री राजेंद्र घुमे साहेब प्रादेशिक व्यावसायिक शिक्षण व प्रशिक्षण कार्यालय, पुणे द्वारा दिनांक 9/1/2019 को किया गया, इस समय श्री प्रकाश सहगवकर साहब प्राचार्य शासकीय औद्योगिक प्रशिक्षण संस्थान औंध पुणे, श्री तुकाराम मिसाल साहेब प्राचार्य सरकार प्र. संस्था सतारा, श्री सचिन धूमल साहब जिला व्यावसायिक शिक्षा एवं प्रशिक्षण अधिकारी सतारा, श्री यतिन परगांवकर साहब प्राचार्य शासन. Q. संस्था कोल्हापुर, श्री विकास टेक साहब इंस्पेक्टर वोकेशनल एजुकेशन एंड ट्रेनिंग रीजनल ऑफिस पुणे, पालेकर फूड्स प्रोडक्ट्स प्रा. लि. सतारा के उद्यमी अध्यक्ष श्री नीलकंठराव पालेकर साहब, हीरा फूड्स के अध्यक्ष श्री इब्राहिम बाबा तंबोली साहब, श्रीमती शाल्मली पवार मुख्याध्यापिका शासकीय तकनीकी विद्यालय केंद्र सतारा सहित अन्य गणमान्य व्यक्ति इस अवसर पर उपस्थित थे।

# क्रम-सूची

प्रस्तावना vii

भूमिका ix

पावती (स्वीकृति) xi

आमुख xiii

1. शीट मेटल वर्कर Smw हिंन्दी Qr Code Images 1
2. शीट मेटल वर्कर Smw हिंन्दी Mcq 26

# प्रस्तावना

**शीट मेटल वर्कर SMW हिंन्दी MCQ** आईटीआई और इंजीनियरिंग कोर्स, संशोधित एनएसक्यू स्तर के पाठ्यक्रम के लिए एक सरल ई-बुक है , इसमें रेखांकित और बोल्ड सही उत्तरों के साथ वस्तुनिष्ठ प्रश्न शामिल हैं, जिसमें सभी विषयों को शामिल किया गया है, जिसमें सभी नवीनतम और महत्वपूर्ण लेख बनाने, स्थापित करने और मरम्मत करने के बारे में शामिल हैं। शीट धातु के लेख जैसे शीट स्टील, तांबा, टिन, पीतल, एल्यूमीनियम, जस्ता या जस्ती लोहा। शीट मेटल वर्कर, ड्राइंग या सैंपल के अनुसार शीट मेटल की वस्तुएं बनाता है। ड्राइंग या नमूने का अध्ययन करना और यदि आवश्यक हो तो माप रिकॉर्ड करना। आवश्यक प्रकार, मोटाई (गेज) और आकार की शीट का चयन करता है और इसे ड्राइंग या नमूने के अनुसार स्क्राइबर, स्क्वायर, डिवाइडर, फुट रूल आदि से चिह्नित करता है। मशीन या हाथ की कतरनी द्वारा जहां कहीं आवश्यक हो कतरनी और झुकने, सीवन, गठन, रिवेटिंग, सोल्डरिंग इत्यादि द्वारा, मैलेट, हथौड़ों, फॉर्मर्स, सेट, स्टेक इत्यादि का उपयोग करके, या कतरनी जैसी विभिन्न मशीनों द्वारा इसे आवश्यक आकार और आकार में बनाता है । , बेंडिंग, बीडिंग, चैनलिंग, सर्कल कटिंग। संचालन के दौरान चरणों में जांच करता है और आवश्यकतानुसार सोल्डरिंग, ब्रेजिंग, आर्क वेल्डिंग, गैस वेल्डिंग, टीआईजी वेल्डिंग और एमआईजी वेल्डिंग करता है। एल्युमिनियम पैनलिंग का कार्य कर सकते हैं। मरम्मत का कार्य भी कर सकते हैं। टिन, तांबा, पीतल जैसी उदासीन धातु की चादरों के विशेषज्ञ हो सकते हैं

हम प्रत्येक नए संस्करण के साथ नए प्रश्न उत्तर जोड़ते हैं। किसी भी त्रुटि/चूक के मामले में कृपया हमें ईमेल करें। यह यकीनन सभी इंजीनियरिंग बहुविकल्पीय प्रश्नों और उत्तरों के लिए सबसे बड़ी और सर्वश्रेष्ठ ई-बुक है।

एक छात्र के रूप में आप इसे अपनी परीक्षा की तैयारी के लिए उपयोग कर सकते हैं। यह ई-पुस्तक प्रोफेसरों के लिए सामग्री को ताज़ा करने के लिए भी उपयोगी है।

# भूमिका

डीजीईटी नई दिल्ली और सीएसटीएआरआई कोलकाता अगस्त 2018 सत्र से आईटीआई में सभी व्यवसायों के लिए एक वार्षिक पैटर्न लागू कर रहे हैं। परीक्षा प्रणाली में भी बदलाव किया जाएगा और यह इस साल से ऑनलाइन हो जाएगी और चूंकि सभी प्रश्न वस्तुनिष्ठ प्रकार (एमसीक्यू) के हैं, इसलिए प्रशिक्षुओं को गहन अध्ययन की सख्त जरूरत है। इसे ध्यान में रखते हुए हमें पुराने NIMI पैटर्न पर आधारित पुस्तकें और नए वार्षिक पैटर्न का संपूर्ण अवलोकन प्रस्तुत करते हुए प्रसन्नता हो रही है, और हम आशा करते हैं कि ये पुस्तकें सभी व्यावसायिक निदेशकों और प्रशिक्षुओं के लिए एक मार्गदर्शक होंगी। है।

इन पुस्तकों को लिखने के लिए आईटीआई अकलुज के प्राचार्य जोहर अवाटे साहब ने कहा। आईटीआई सतारा सहगवकर साहब के पूर्व प्राचार्य, सहायक निदेशक श्री चंद्रकांत ढेकने साहेब क्षेत्रीय व्यावसायिक शिक्षा एवं प्रशिक्षण कार्यालय, पुणे, जिला व्यावसायिक शिक्षा एवं प्रशिक्षण अधिकारी सचिन धूमल साहेब एवं प्रधानाध्यापक शासकीय तकनीकी विद्‌यालय केन्द्र शाल्मली पवार मैडम एवं पुत्र अधिराज डोले, माता कुसुम डोले , मैं अपने पिता मधुकर डोले और पत्नी अश्विनी डोले को समय-समय पर उनके विशेष मार्गदर्शन और सहयोग के लिए बहुत आभारी हूं।

साथ ही, बहुत ही कम समय में श्री राजेन्द्र घुमे साहेब, संयुक्त निदेशक, व्यावसायिक शिक्षा और प्रशिक्षण क्षेत्रीय कार्यालय, पुणे द्‌वारा पुस्तक के प्रकाशन में उनके अमूल्य समय के लिए पुस्तक की समीक्षा की गई। मैं उनकी प्रतिक्रिया के लिए हृदय से आभारी हूँ।

पुस्तक लिखने की शुरुआत से ही निरंतर समर्थन के लिए मैं आईटीआई सतारा के प्रशिक्षक का आभारी हूं।

इस पुस्तक से, मैं खुद को धन्य मानता हूं कि मैंने आपके साथ ई-लर्निंग पर अपने विचार साझा किए। मैं यह दावा नहीं करूंगा कि यह पुस्तक पूर्ण है, क्योंकि पूर्णता को देखते हुए यह पुस्तक एक प्रयास है और अपनी शैशवावस्था में है। यदि उनका परीक्षण और सुझाव दिया जाए तो वे सुधार के लिए मूल्यवान होंगे।

मनोज डोले

दिनांक 9/1/2019

# पावती (स्वीकृति)

21वीं सदी में औद्योगिक क्षेत्र में तेजी से बढ़ती मांग के अनुरूप बहु-कुशल कारीगरों की आपूर्ति के लिए व्यावसायिक शिक्षा और प्रशिक्षण विभाग के माध्यम से व्यावसायिक शिक्षा और प्रशिक्षण विभाग के माध्यम से व्यावसायिक शिक्षा और प्रशिक्षण प्रदान किया जाता है। संस्थानों के भीतर सभी व्यवसाय महत्वपूर्ण हैं, क्योंकि इन व्यवसायों के प्रशिक्षु उद्योग की मांगों के अनुसार बहु-कौशल विकसित करते हैं।

सभी व्यवसायों के लिए उपयुक्त एमसीक्यू ई-पुस्तकें उपलब्ध कराने के नेक इरादे से, यह देखते हुए कि औद्योगिक क्षेत्र के सभी उद्योगों में सभी परीक्षाएं ऑनलाइन आयोजित की जाती हैं और इसमें एमसीक्यू पद्धति के प्रश्न शामिल होते हैं। श्री मनोज मधुकर डोले ने नए वार्षिक पाठ्यक्रम के अनुसार एमसीक्यू पद्धति पर एक बहुत अच्छी ई-बुक लिखी है। यह ई-पुस्तक निश्चित रूप से सभी प्रशिक्षुओं, प्रशिक्षु उम्मीदवारों, प्रशिक्षण प्रशिक्षकों और अन्य संबंधितों के लिए एक मार्गदर्शक होगी।

पुस्तक के लेखक श्री मनोज मधुकर डोले, इंस्ट्रक्टर गॉव आईटीआई सतारा को 17 साल का प्रशिक्षण अनुभव है। एक नए वार्षिक पैटर्न के रूप में लिखी गई, यह ई-बुक प्रत्येक विषय के लिए लेआउट, सरल भाषा और सरल सिंटैक्स, आरेख और वीडियो को समझने के लिए आधुनिक डिजिटल क्यूआर कोड तकनीक को शामिल करती है। इसलिए मुझे विश्वास है कि यह ई-पुस्तक निश्चित रूप से गहन अध्ययन और परीक्षा अभ्यास के लिए उपयोगी होगी। उन्होंने जो कार्य किया है वह निश्चित रूप से काबिले तारीफ है।

श्री तुकाराम मिसाल

प्राचार्य शासकीय औद्योगिक प्रशिक्षण संस्था सातारा.

# आमुख

हमारे औद्योगिक प्रशिक्षण संस्थानों की औद्योगिक प्रशिक्षण और सैद्धांतिक परीक्षा प्रणाली और इन परिवर्तनों को शिल्प प्रशिक्षकों और प्रशिक्षुओं द्वारा स्वीकार किया गया है। आपके औद्योगिक प्रशिक्षण संस्थानों में आयोजित सैद्धांतिक परीक्षाएं भी ऑनलाइन आयोजित की जाती हैं। चूंकि ये परीक्षाएं बहुविकल्पीय एमसीक्यू पद्धति की हैं, इसलिए प्रशिक्षुओं को ऐसे प्रश्नों का अधिक अभ्यास करने की आवश्यकता होगी।

इन सब बातों को ध्यान में रखते हुए श्री मनोज मधुकर, निदेशक, डोले क्राफ्ट्स, कटारी औद्योगिक प्रशिक्षण संस्थान, सतारा, ने नई वार्षिक प्रणाली और NSQF-5 के अनुसार, गहन अध्ययन किया है और अपनी मेहनत से और अपनी गहरी बुद्धि को जोड़ा है। पाठ्यक्रम, कटारी और अन्य मशीन ट्रेडों की ई-बुक। -बुक) और उन्होंने प्रशिक्षण को आसान बनाने के लिए सैद्धांतिक विषयों पर मोबाइल ऐप और ब्लॉग बनाए हैं और इन सभी शैक्षिक सामग्री को विश्व प्रसिद्ध वेबसाइटों Google Play Store, Amazon और Apple Book Store पर डाउनलोड के लिए उपलब्ध कराया है। प्रिंट संस्करण बनाकर और क्यूआर कोड जैसी उन्नत तकनीकों का उपयोग करके प्रशिक्षण को आसान बना दिया गया है।

ये सभी शैक्षिक सामग्री निश्चित रूप से सभी प्रशिक्षुओं के लिए गहन अध्ययन के लिए और शिल्प प्रशिक्षकों और अन्य संबंधितों के लिए एक मार्गदर्शक होगी जो व्यावसायिक प्रशिक्षण प्रदान कर रहे हैं।

# 1

# शीट मेटल वर्कर SMW हिंन्दी QR Code Images

Download App
Online Test Exam
ITI Books
AutoCAD CAM
JOB & Apprentice

Online Theory
Computer Course
Trading Course
CNC Course
MSCIT Course

Shopping Business
Internet Business
Web Designing
Online Services
Top Sportsmans

Indian Army
Freedom Fighters
Top Scientists
Social Reformers
Motivational Speaker

Top Richest People
Join WhatsApp Group
Join Facebook Group
Like Facebook Page
PAN / Adhar / Licence Passport

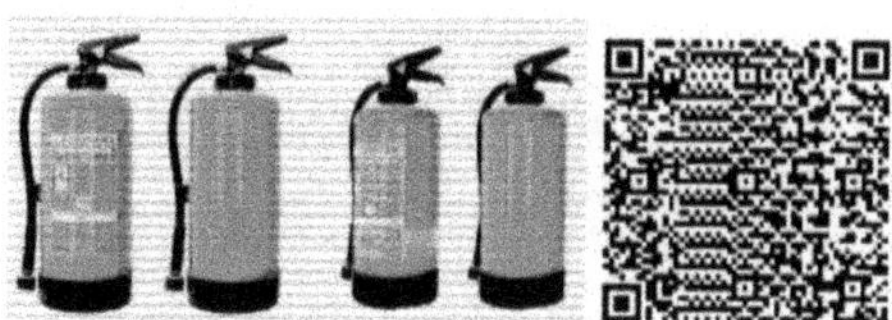

Fire extinguisher

Calliper

Hacksaw frame

Universal surface guage

Hammer

Centre punch

Bench vice

Files

Scraper

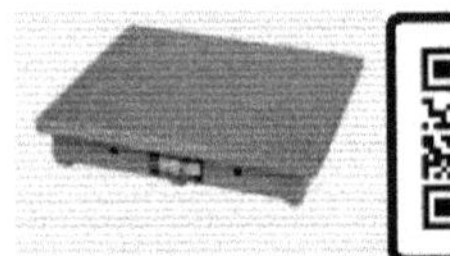

Surface Plate

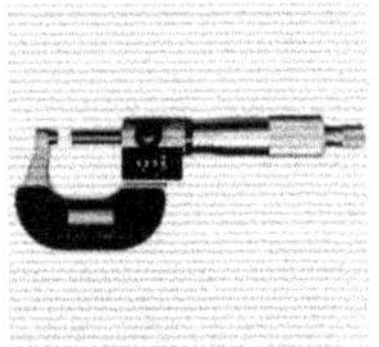

Outside Micrometer

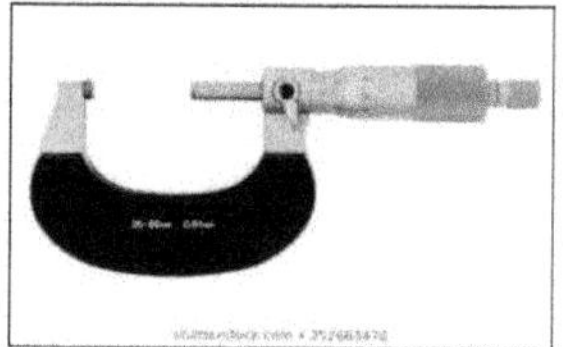

Micrometer

Depth micrometer

Vernier Calliper

Vernier bevel protractor

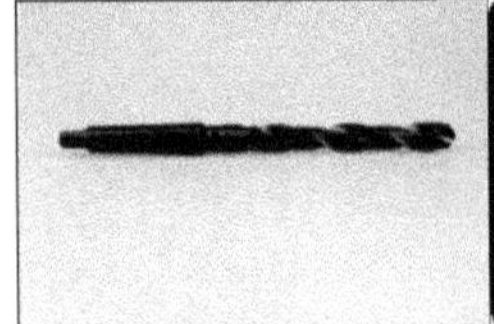

Drilling

Reamer

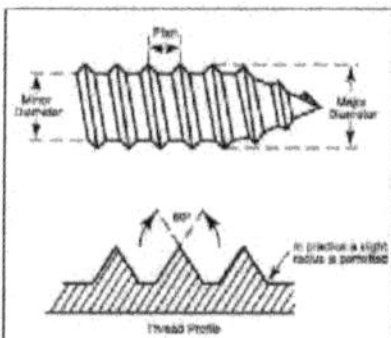

Thread

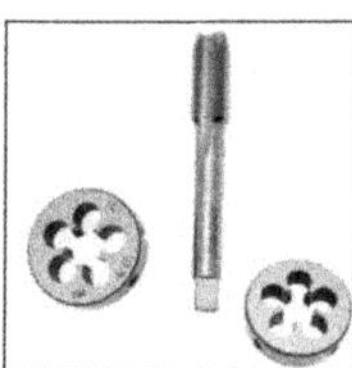 

Tap Die

Grinding Wheel

Tap Die

Centre gauge

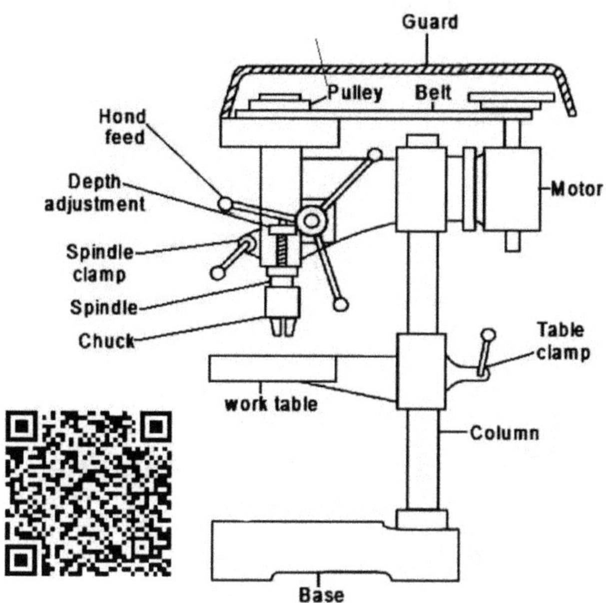


# Piller Drilling Machine

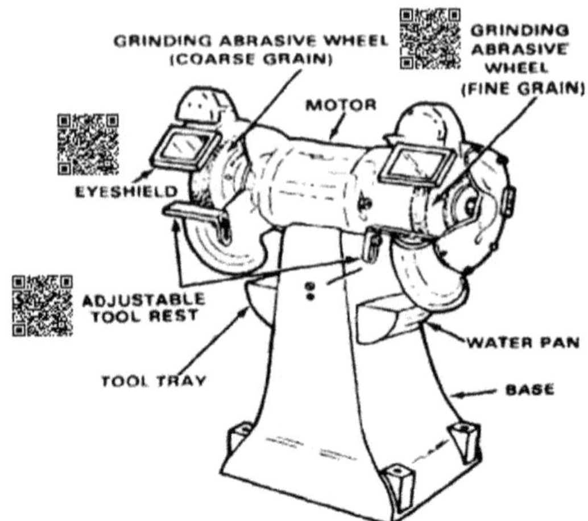


**Pedastal Grinding Machine**

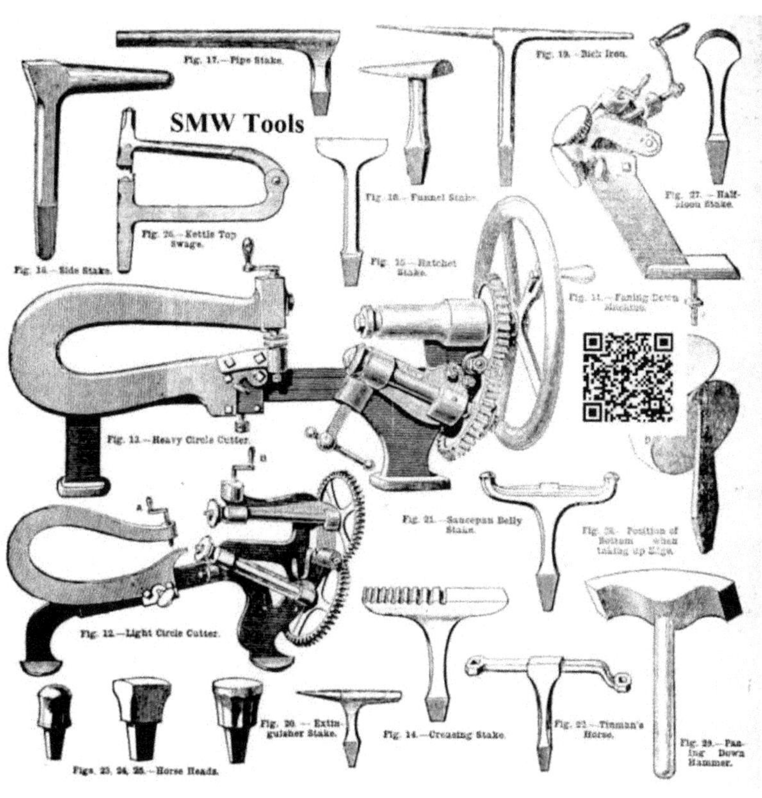
SMW Tools
Fig. 17.—Pipe Stake.
Fig. 19.—Bick Iron.
Fig. 16.—Funnel Stake.
Fig. 27.—Half-Moon Stake.
Fig. 26.—Kettle Top Swage.
Fig. 15.—Hatchet Stake.
Fig. 18.—Side Stake.
Fig. 13.—Heavy Circle Cutter.
Fig. 21.—Saucepan Belly Stake.
Fig. 12.—Light Circle Cutter.
Figs. 23, 24, 25.—Horse Heads.
Fig. 20.—Extinguisher Stake.
Fig. 14.—Creasing Stake.
Fig. 22.—Tinman's Horse.
Fig. 29.—Paning Down Hammer.

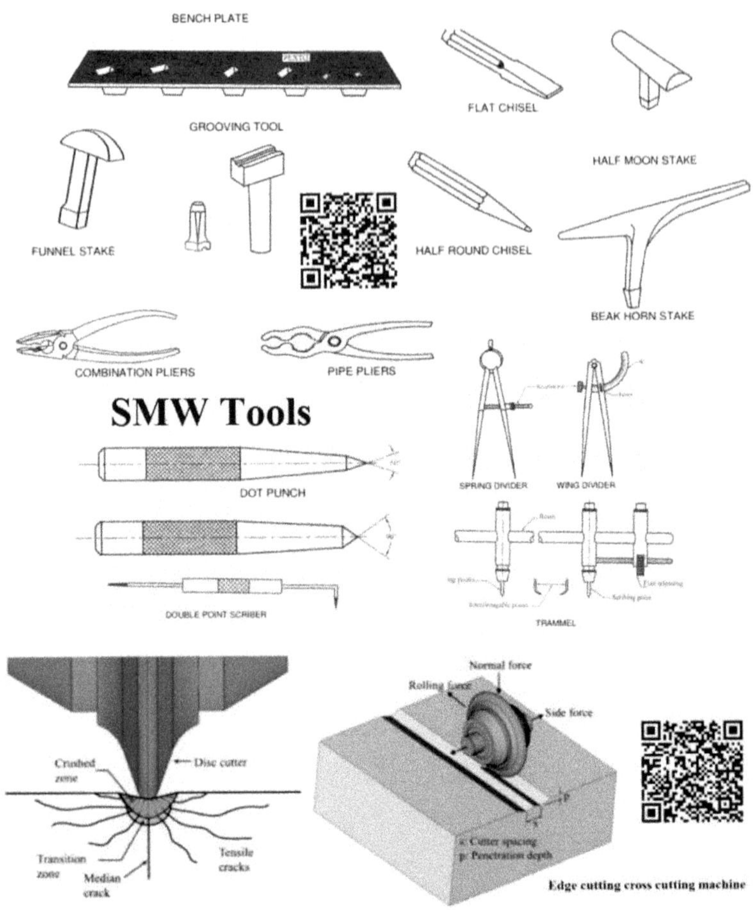
BENCH PLATE
FLAT CHISEL
GROOVING TOOL
HALF MOON STAKE
FUNNEL STAKE
HALF ROUND CHISEL
BEAK HORN STAKE
COMBINATION PLIERS
PIPE PLIERS
SMW Tools
DOT PUNCH
SPRING DIVIDER
WING DIVIDER
DOUBLE POINT SCRIBER
TRAMMEL
Crushed zone
Disc cutter
Transition zone
Median crack
Tensile cracks
Normal force
Rolling force
Side force
s: Cutter spacing
p: Penetration depth
Edge cutting cross cutting machine

CNC Press
Brake Machine

Plate Rolling Machine

Sheet Folding Machine

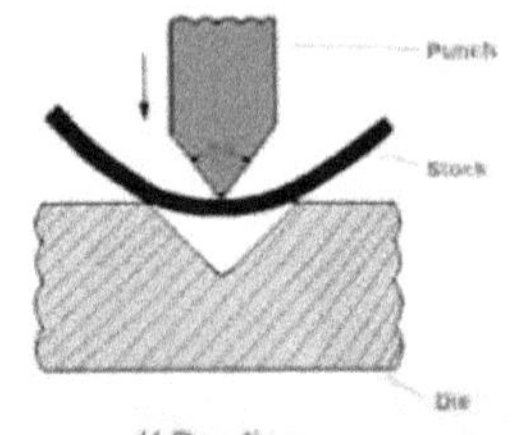

V-Bending

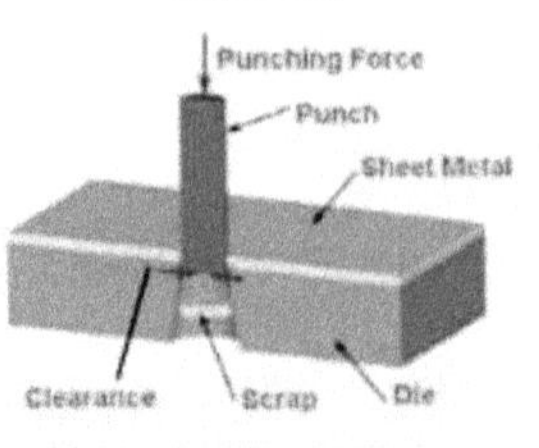

Punching Operation

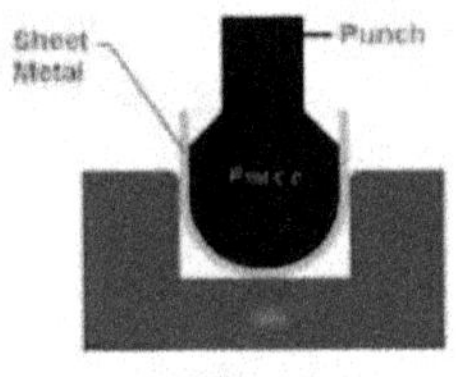

U-Bending

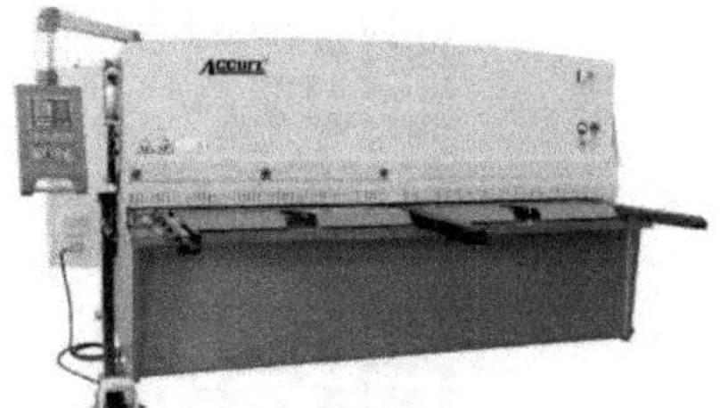

Hydraulic Shearing Machine

Rotary Shearing Machine

Pneumatic Shearing Machine

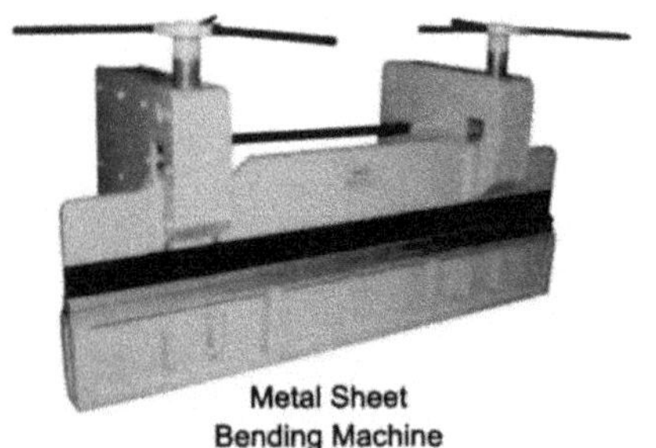

Metal Sheet
Bending Machine

Pipe Bending Machine

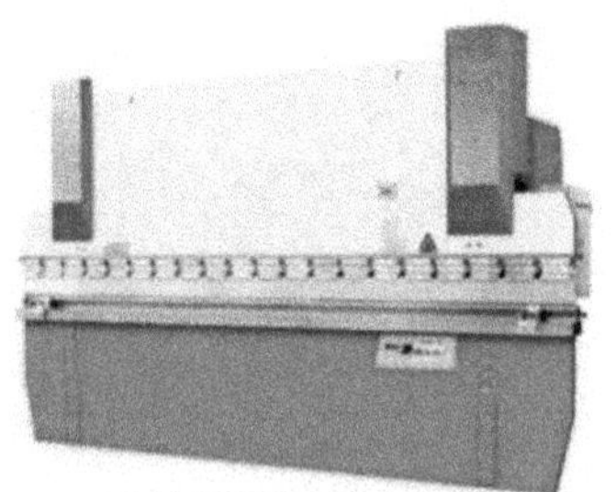

Hydraulic Press
Brake Machine

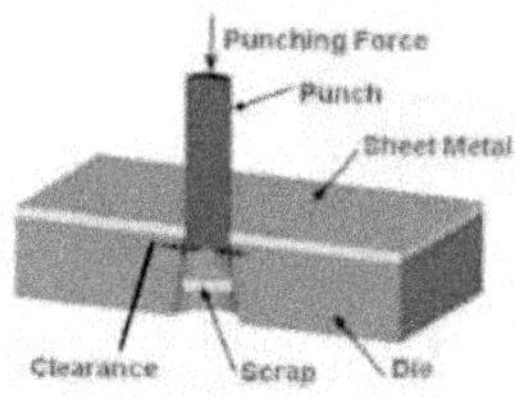


Punching Operation

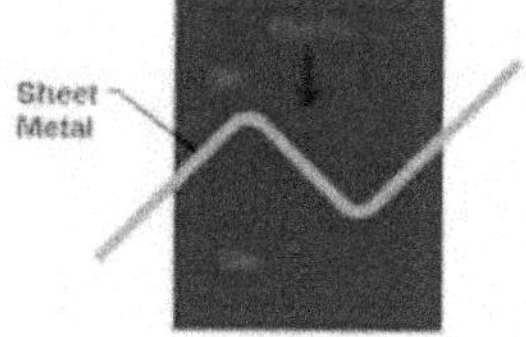


Offset Bending

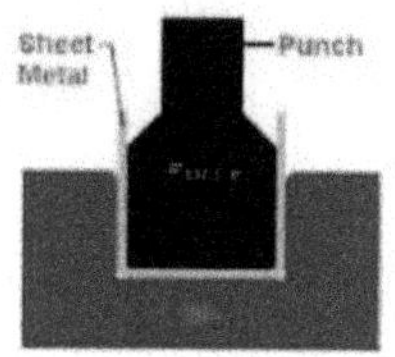


Channel Bending

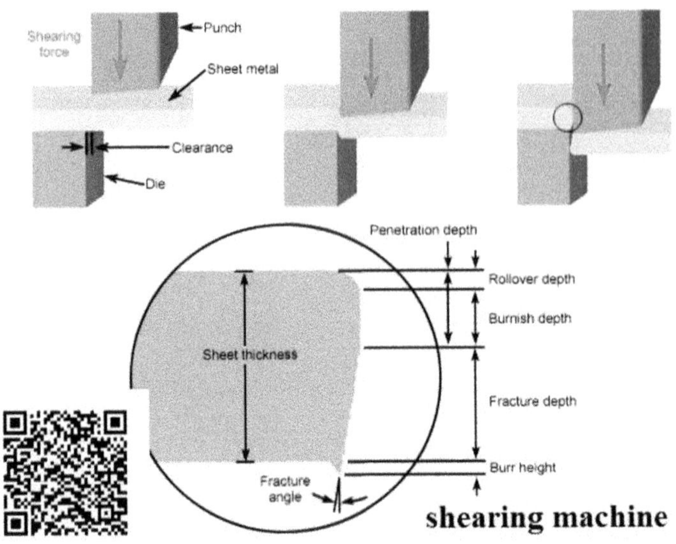
Shearing force
Punch
Sheet metal
Clearance
Die
Penetration depth
Rollover depth
Burnish depth
Sheet thickness
Fracture depth
Burr height
Fracture angle
shearing machine

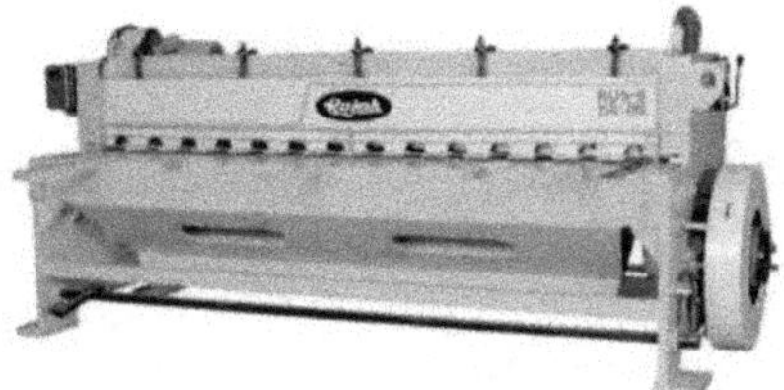

Mechanical Shearing Machine

Alligator Shearing Machine

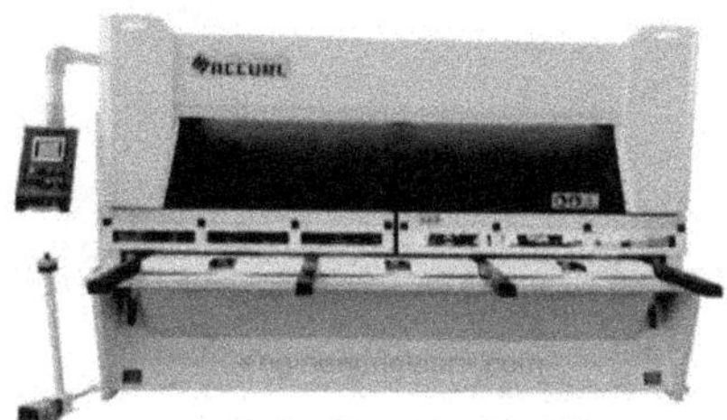

Guillotine Shearing Machine

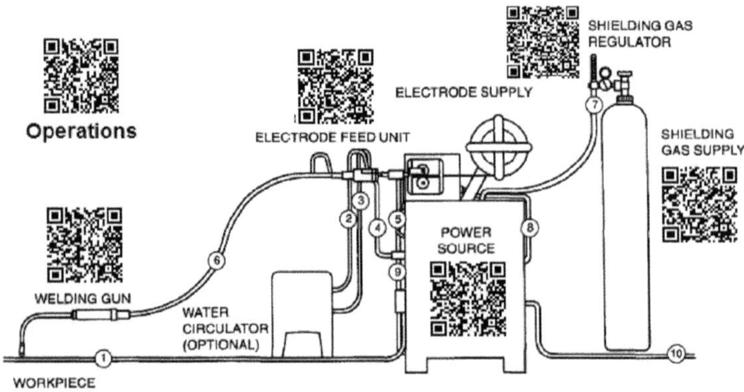


**Gas Metal Arc Welding**

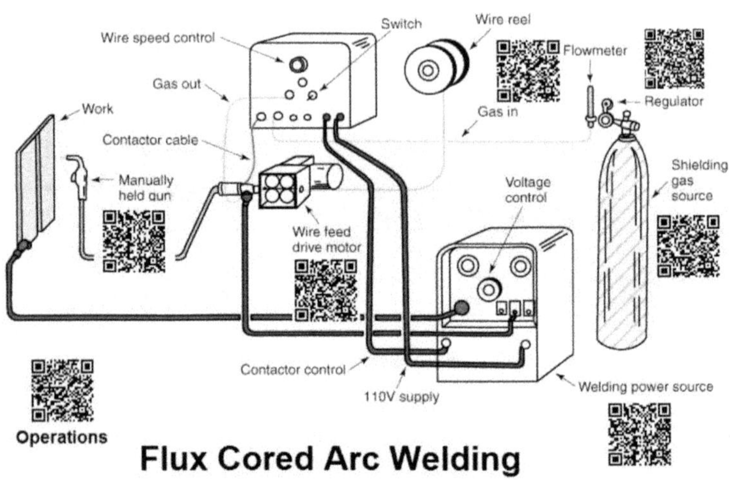


**Flux Cored Arc Welding**

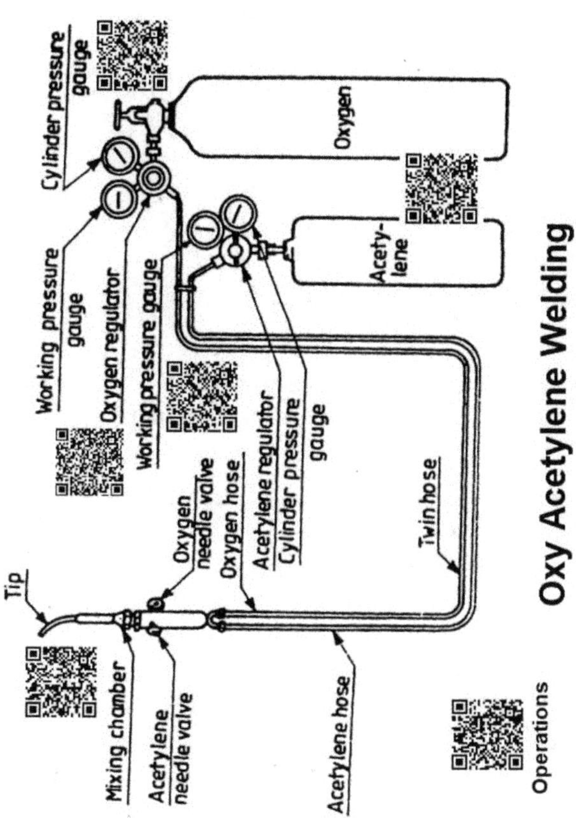


**Oxy Acetylene Welding**

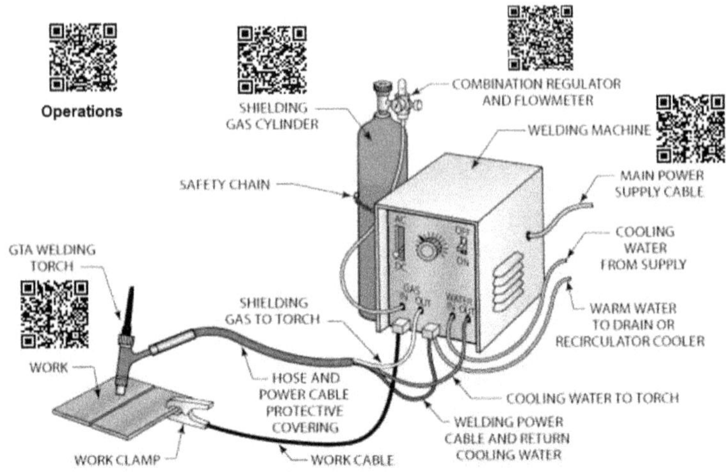


**GTAW EQUIPMENT**

**(GAS TUNGSTEN ARC WELDING)**

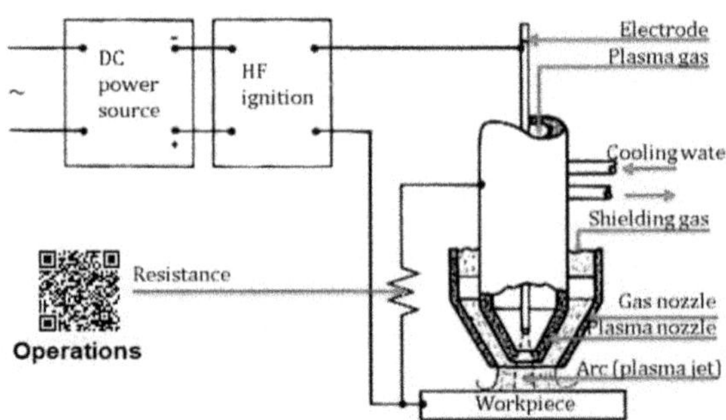


**Plasma Transferred Arc Welding**

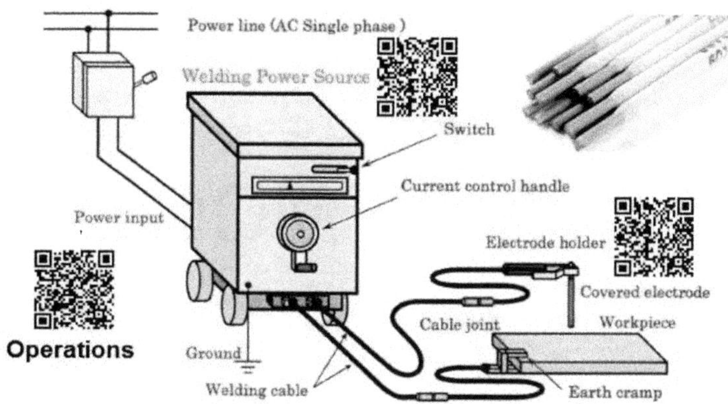


## Shielded Metal Arc Welding

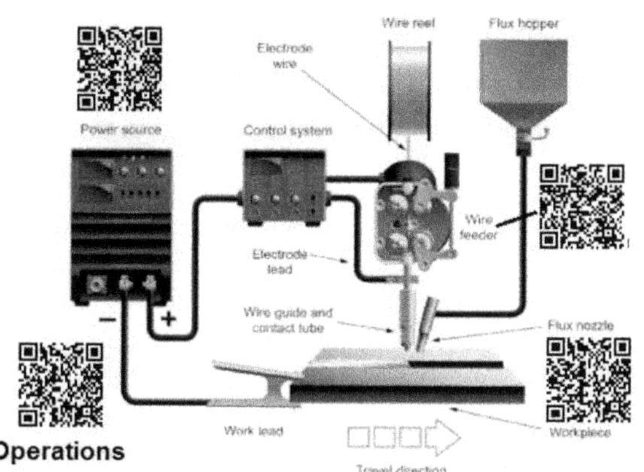


## Submerged Arc Welding

# 2

# शीट मेटल वर्कर SMW हिंन्दी MCQ

1] कौन सी वर्कशॉप सेफ्टी है?

<u>ए] दुकानकेफर्शकोसाफऔरग्रीस, तेलयाअन्यफिसलनसामग्रीसेमुक्तरखें</u>

बी] गति बदलने से पहले मशीन बंद करो

सी] फटे या चिपके हुए औजारों का प्रयोग न करें

D] चल रही मशीन को हाथ से रोकने की कोशिश न करें

2] पर्सनल प्रोटेक्ट इक्विपमेंट (पीपीई) में हेल्मेट का उपयोग किया जाता है

<u>ए] सिरकीरक्षाकरें</u>

बी] आंखों की रक्षा करें

सी] हाथों की रक्षा करें

डी] कानों की रक्षा करें

3] निम्नलिखित में से कौन सामान्य सुरक्षा से संबंधित है?

A एक कार्यकर्ता को अच्छे व्यवहार में रखें

बी] काम साफ और स्पष्ट

सी] अपने काम पर ध्यान लगाओ

<u>डी] फर्शऔरगैंगवेकोसाफऔरसाफरखें</u>

4] पीसते समय आंखों की सुरक्षा के लिए किसका प्रयोग किया जाता है?

ए] गहरा हरा कांच

बी] मुखौटा

सी] धूप का चश्मा

<u>डी] सुरक्षाचश्मा</u>

5] मशीन सुरक्षा के लिए निम्नलिखित में से क्या किया जाता है?

<u>ए] मशीनशुरूकरनेसेपहलेतेलकेस्तरकीजांचकरें</u>

बी] चीजों को व्यवस्थित तरीके से करें

सी] फर्श और गैंगवे को साफ और साफ रखें

डी] डाई और स्कार्फ का प्रयोग न करें

6] पर्सनल प्रोटेक्ट इक्विपमेंट (पीपीई), 'स्लीव्स' का इस्तेमाल ---------- की सुरक्षा के लिए किया जाता है

एक चेहरा

बी] आंखें

सी] कान

<u>डी] हाथ</u>

7] एबीसी का मतलब --------------

ए] स्वचालित श्वास नियंत्रण

बी] स्वचालित रक्त नियंत्रण

<u>सी] वायुमार्गश्वासपरिसंचरण</u>

डी] स्वचालित रक्त परिसंचरण

8] आग और आग बुझाने वाले यंत्र

fire extingusher Fire Extingusher

अग्निशामक: आग

9] "क्लास बी" की आग को बुझाने के लिए किस प्रकार के अग्निशामक यंत्र का उपयोग किया जाता है ............

<u>ए] शुष्कशक्ति</u>

बी] कार्बन डाइऑक्साइड

सी] पानी की जेट

डी] फोम प्रकार

10] सामान्य आग को बुझाने के लिए किस प्रकार के अग्निशामक यंत्र का उपयोग किया जाता है?

<u>ए] जलप्रकारबुझानेवाला</u>

बी] फोम प्रकार बुझाने वाला

सी] शुष्क रासायनिक पाउडर एक्सटिंगुइशर

डी] कार्बन डाइऑक्साइड (C02] बुझाने वाला)

11] खून बहने की स्थिति में उपचार करें

डी] ठंडा 3" और आराम

<u>ए] ठंडेपानीकाछिड़कावकरें</u>

बी] तुरंत पट्टी -----।

बी] दुर्घटना विचार उपचार के बारे में पूछताछ

safety workshop safety

12] दुर्घटना की स्थिति में पीड़ित को

ए] आराम करने के लिए कहा

<u>सी] तुरंतभागलिया</u>

डी] उसे छोड़ दो

13] प्राथमिक उपचार किसी घायल या बीमार व्यक्ति को प्राथमिक रूप से दिया जाता है....

ए] जीवन बचाओ

बी] मफ की और गिरावट को रोकें

सी] सर्वोत्तम संभव आराम दें

<u>डी] येसभी</u>

14] बेकार कागज को अलग करने के लिए डिब्बे का रंग कोड है -----

<u>ए] नीलारंग</u>

बी] पीला रंग

सी] लाल रंग

डी] हरा रंग

15] जापानी में Seiko का अर्थ -------------- होता है

<u>ए] शाइन</u>

बी] क्रमबद्ध करें

सी] मानकीकरण

डी] सस्टेनेबल

16] एसएस प्रणाली का लाभ है ------

ए] उत्पादकता में वृद्धि

बी] गुणवत्ता में वृद्धि
सी] समय की बर्बादी में कमी
<u>डी] येसभी</u>
17] सुरक्षा है -----------
ए] किसी का व्यवसाय नहीं
<u>बी] हरबॉडीबिजनेस</u>
सी] कुछ निकायों का व्यवसाय
डी] संगठन व्यवसाय
18] सुरक्षा चिन्हों की बुनियादी श्रेणियों के लिए "निषेध" चिन्ह का अर्थ उपलब्ध है ----
<u>ए] दिखाताहैकियहनहींकियाजानाचाहिए</u>
बी] दिखाता है कि क्या किया जाना चाहिए
सी] खतरे या खतरे की चेतावनी देता है
डी] सुरक्षा प्रावधान की जानकारी देता है
18] एक माइक्रोमीटर (U) बराबर होता है...
ए] 0.1 मिमी
बी] 0.01 मिमी
सी] <u>0.001 मिमी</u>
डी] 0.0001 मिमी
19] एक स्लॉट की चौड़ाई मापने के लिए कैलीपर है...
ए] अजीब पैर कैलिपर
बी] बाहरी कैलिपर
सी] जेनी कैलिपर
डी] <u>कैलिपरकेअंदर</u>

<u>caliper</u> <u>hand tools</u>

कैलिपर

20] डिवाइडर का आकार ----------- द्वारा निर्दिष्ट किया जाता है
ए] पैरों की कुल लंबाई
बी] पूरी तरह से खुलने पर बिंदुओं के बीच की दूरी
सी] बिना बिंदुओं के पैरों की लंबाई

डी] धुरीऔरबिंदुकेबीचकीदूरी

21] डेटम किनारे के समानांतर समानांतर रेखाओं को चिह्नित करने के लिए इस्तेमाल किया जाने वाला उपकरण है -

ए] जेनीकैलिपर

बी] डिवाइडर

सी] बाहरी कैलिपर

डी] कैलिपर के अंदर

22] निम्नलिखित में से कौन सा एक अप्रत्यक्ष माप उपकरण है?

ए] बाहरीकैलिपर

बी] वर्नियर कैलिपर

सी] स्टील नियम

डी] बाहरी माइक्रोमीटर

23] पतली टयूबिंग काटने के लिए, हैक्सॉ ब्लेड की सबसे उपयुक्त पिच है...

ए] 1.8 मिमी

बी] 1.4 मिमी

सी] 1 मिमी

डी] 0.8 मिमी

24] ठोस पीतल काटने के लिए, हैक्सॉ ब्लेड की सबसे उपयुक्त पिच है...

ए] 1.8 मिमी

बी] 1.4 मिमी

सी] 1 मिमी

डी] 0.8 मिमी

hacksaw Hacksaw Frame Blade

हक्सॉ फ्रेम

25] एक नया हैक्सॉ ब्लेड कुछ स्ट्रोक के बाद ढीला हो जाता है क्योंकि...

ए] ब्लेडकाखिंचाव

बी] विंग-अखरोट के धागे खराब हो रहे हैं

सी ] ब्लेड की गलत पिच

डी] आरी के सेट का अनुचित चयन।

26] छोटे व्यास के पाइपों को काटते समय नियमित रूप से देखने और यह सुनिश्चित करने की सलाह दी जाती है कि...

ए] कट घुमावदार रेखा के साथ है

बी] अधिकदेखादांतअनुबंधमेंहैं

सी] काम ज़्यादा गरम नहीं है

डी] हैकसॉ का उचित संतुलन बनाए रखा जाता है

27] वाइस क्लैम्प का उपयोग किया जाता है ...

ए] कठोर जबड़े की रक्षा करें

बी] काम के टुकड़ों को सख्ती से जकड़ें

सी] तैयारसतहोंकीरक्षाकरें

डी] जंगम जबड़े को दाखिल होने से रोकें

28] अंकन के दौरान संदर्भ सतह द्वारा प्रदान की जाती है ...

ए] भूतल गेज

बी] वर्कपीस

सी] काम का चित्रण

डी] तालिकाकीसतहकोचिह्नितकरना

29] एक इंजीनियर के वाइस का आकार किसके द्वारा निर्दिष्ट किया जाता है...

ए] जंगम जबड़े की लंबाई

बी] जबड़ेकीचौड़ाई

सी] वाइस की ऊंचाई

D] जबड़ों का अधिकतम खुलना

30] यूनिवर्सल सरफेस गेज का वह भाग जो एक डेटम एज के साथ समानांतर रेखा खींचने में मदद करता है, वह है ..

ए] रॉकर आर्म

बी] सुखद

सी] ठीक समायोजन पेंच

डी] गाइडपिन

universal surface gauge | Surface Gauge

यूनिवर्सल सरफेस गेज

31] स्क्राइबर किससे बने होते हैं...
ए] माइल्ड स्टील
बी] उच्चकार्बनस्टील
सी] पीतल
डी] कच्चा लोहा
32] हथौड़े के हैंडल को ठीक करने के लिए इस्तेमाल किया जाने वाला हिस्सा है...
एक चेहरा
बी] पीन
सी] गाल
डी] आँखकाछेद
33] अंकन के उद्देश्य के लिए हथौड़े का वजन है...
ए] 250g
बी ] 500g
सी] 1 किलो
डी] 2 किग्रा

hammer Hammers

हथौड़ा

34] डिवाइडर का आकार किसके द्वारा निर्दिष्ट किया जाता है...

ए] पैरों की कुल लंबाई

बी] पूरी तरह से खुलने पर बिंदुओं के बीच की दूरी

सी] बिंदुओं के बिना पैरों की लंबाई

डी] धुरीऔरबिंदुकेबीचकीदूरी

35] 'वी' ब्लॉक के खांचे का सम्मिलित कोण हमेशा होता है....

ए] 45°

बी] 60°

सी] 90°

डी] 120°

36] 'वी' ब्लॉक ग्रेड में उपलब्ध हैं ...

ए] एऔरबी

बी] ए, बी और सी

सी] 1,2 और 3

डी] 1 और 2

37] ग्रेड 'बी' के 'वी' ब्लॉक के बने होते हैं

ए] कच्चालोहा

बी] हल्के स्टील

सी] स्टील

डी] कास्ट स्टील

38] केंद्र का पता लगाने के लिए इस्तेमाल किए जाने वाले पंच का नाम बताइए।

A] प्रिक पंच 30°

B] प्रिक पंच 60°

सी] केंद्रपंच

डी] डॉट पंच

Centre punch 1 Punches

केंद्र पंच

39] सेंटर पंच का पॉइंट एंगल -------- होता है

ए] 30 डिग्री

बी] 50 डिग्री

<u>सी] 900</u>

डी] 1200

40] पंचों का उपयोग किसी भी आकार के ---------- बनाने के लिए किया जाता है

<u>ए] छेद</u>

बी ] खनन

सी] नूरलिंग

सपना देखना

41] आम तौर पर वाइस के हैंडल की लंबाई ---------- होती है

ए] वाइस के सामान्य आकार का 1.5 गुना

<u>बी] वाइसकेसामान्यआकारका 2.5 गुना</u>

सी] वाइस के सामान्य आकार का 3.5 गुना

डी] वाइस के सामान्य आकार का 4.5 गुना

bench vice Bench Vice

बेंच वाइस

42] बेंच वाइस स्पिंडल ........... का बना होता है।

<u>ए] माइल्डस्टील</u>

बी] कच्चा लोहा

सी] टूल स्टील

डी] कांस्य

43] फाइलों की उत्तलता मदद करती है...

ए] अवतल सतहों को फाइल करने के लिए

बी] उत्तल सतहों को फाइल करने के लिए

सी] <u>कामकेकिनारोंकोगोलकरनेसेरोकनेकेलिए</u>

D] दबाव डालने पर फाइल सीधी हो जाती है

files 1 Files

फ़ाइलें

44] लकड़ी, चमड़ा और अन्य नरम सामग्री भरने के लिए किस फाइल का उपयोग किया जाता है? .

ए] सिंगल कट फाइल

बी] डबल कट फ़ाइल

<u>सी] रास्पकटफ़ाइल</u>

डी] घुमावदार कट फ़ाइल

45] प्रयुक्त फाइल का प्रयोग ------------ के लिए किया जाता है

ए] काम के टुकड़े की सफाई

सी] फ़ाइल दांतों का नवीनीकरण

<u>बी] फाइलदांतोंकीसफाई</u>

डी] चिप्स की सफाई

46] फाइल कार्ड का उपयोग -------- के लिए किया जाता है

ए] काम के टुकड़े को साफ करें

सी] फ़ाइल दांत नवीनीकृत करें

<u>बी] फाइलदांतसाफकरें</u>

47] स्क्राइबर का बिंदु कोण ----------- है
ए] 30 डिग्री
बी] 60 डिग्री
सी] 5° से 10°
डी] 12° से 15°
48] कच्चा लोहा काटने के लिए काटने का कोण है...
ए] 37.5◦
बी] 55◦
सी] 60◦
डी] 90◦

chisel hand tools

49] छेनी सामग्री में खोदेगी जब...
ए] रेक कोण अधिक है
बी] निकासी कोण बहुत कम है
सी] झुकावकाकोणअधिकहै
डी] झुकाव का कोण बहुत कम है
50] अत्याधुनिक को थोड़ा उत्तलता दी जाती है...
ए] घुमावदार सतहों को काटें
बी] तेज कोनों को काटें
सी] सिरोंकीखुदाईरोकें
डी] स्नेहक को प्रवेश करने दें
51] सरफेस प्लेट्स किसकी बनी होती हैं...
ए] उच्च ग्रेड कास्ट स्टील
बी] महीनदानेवालाकच्चालोहा
सी] मिश्र धातु स्टील्स
डी] गढ़ा लोहा

52] सतह की प्लेटें उनकी लंबाई और चौड़ाई से निर्दिष्ट होती हैं और में होती हैं
ए] डेसीमीटर
बी] घन मीटर
सी] बेलनाकार
53] एंगल प्लेट के बिना मशीनी हिस्से पर पसलियों को दिया जाता है...
ए] आसान हैंडलिंग
बी] निर्माण में सुविधा
सी] मशीनों पर सेट करते समय क्लैंपिंग
डी] कठोरताऔरविरूपणकोरोकनेकेलिए
54] एंगल प्लेट पर स्लॉट किसके लिए दिए गए हैं...
ए] वजन कम करना
बी] काम को संरेखित करना
सी] हुक का उपयोग करके उठाना
डी] समायोजितबोल्ट।
55] कोण प्लेटों का आकार किसके द्वारा बताया गया है...
भार
बी] लंबाई
सी] लंबाई x चौड़ाई
डी] आकारसंख्या
56] हाई स्पीड पार्टिंग ऑफ के लिए सीमेंटेड कार्बाइड जैसी सामग्री पर काम है'
ए ] सभी मशीन करो
बी] मशीन काटना
सी] हेवीड्यूटीपावरदेखा
डी] खनन मशीन बैठे देखा
57] गन मेटल तांबे की मिश्र धातु है, ------------
ए] टिनऔरजस्ता
बी] सीसा और जस्ता
सी] जिंक और निकल
डी] सीसा और निकल

58] ढलवां लोहे का उपयोग मशीन बेड के निर्माण के लिए किया जाता है क्योंकि -------

<u>ए] यहअधिकसंपीड़नतनावकाविरोधकरसकताहै</u>

बी] यह वजन में भारी है

C] यह सस्ती धातु है

D] यह एक भंगुर धातु है

59] माइक्रोमेट्रिक के बाहर एक मीट्रिक की शुद्धता या न्यूनतम गणना --------- होती है

ए] 0-1 मिमी

<u>बी] 0.01 मिमी</u>

सी] 0.001 मिमी

डी] 0.02 मिमी

micrometer Out Side Micrometer

60 ] 1000 माइक्रोन का अर्थ है -----

<u>ए] 1 मिमी</u>

बी] 1 एम

सी] 1000 मिमी

डी] 10 सेमी

61] एक मीट्रिक माइक्रोमीटर में, थिम्बल अग्रिमों की एक पूर्ण क्रांति ------------

ए] 0.01 मिमी

बी] 0.25 मिमी

<u>सी] 0.50 मिमी</u>

डी] 1.00 मिमी

micrometer2 Out Side Micrometer

माइक्रोमीटर

62] माइक्रोमीटर में शाफ़्ट स्टॉप ------------ में मदद करता है

<u>ए] दबावकोनियंत्रितकरें</u>

बी] स्पिंडल को लॉक करें

सी] शून्य त्रुटि समायोजित करें

डी] काम के टुकड़े को पकड़ो

63] 1000 माइक्रोन का मतलब -------------

<u>ए] 1 मिमी</u>

बी] 1 एम

सी] 1000 मिमी

डी] 10 सेमी

64] माइक्रोमीटर के बाहर 50-75 मिमी की शून्य रीडिंग क्या है?

ए] 0.000 मिमी

बी] 0.01 मिमी

सी] 25.00 मिमी

<u>डी] 50.00 मिमी</u>

65] माइक्रोमीटर के बाहर एक मीट्रिक की आस्तीन पर सबसे छोटे विभाजन का मान है -----

<u>ए] 0.50 मिमी</u>

बी] 1.00 मिमी

सी] 1.50 मिमी

डी] 2.00 मिमी

66] माइक्रोमीटर में शाफ़्ट स्टॉप --------- में मदद करता है

<u>ए] दबावकोनियंत्रितकरें</u>

बी] स्पिंडल को लॉक करें

सी] शून्य त्रुटि समायोजित करें

डी] काम के टुकड़े को पकड़ो

67] गहराई माइक्रोमीटर की न्यूनतम संख्या है

ए] 0.5 मिमी

बी] 0.2 मिमी

सी] 0.001 मिमी

<u>डी] 0.01 मिमी</u>

Depth micrometer 1 Depth Micrometer

गहराई माइक्रोमीटर

68] वर्नियर कैलिपर की अल्पतम संख्या है (मुख्य पैमाना = 49 डिवीजन, वर्नियर स्केल = 50 डिवीजन]

ए] 0.1 मिमी

बी] 0.01 मिमी

सी] 0.001 मिमी

<u>डी] 0.02 मिमी</u>

vernier calliper 1 Vernier Caliper 1

वर्नियर कैलिपर

69] वर्नियर कैलिपर का उपयोग करके किए गए माप का प्रकार है------

ए] प्रत्यक्ष माप

<u>बी] अप्रत्यक्षमाप</u>

सी] 90"] (ए) 81 (बी]

डी] इनमें से कोई नहीं

70] वर्नियर बेवल प्रोट्रैक्टर की न्यूनतम संख्या है...

ए] 1”

बी ] 5’

सी] 1◦

डी] 5

71] वर्नियर बेवल प्रोट्रैक्टर का वह भाग जो आमतौर पर कोणों को मापने के लिए संदर्भ आधार के रूप में उपयोग किया जाता है, वह है...

एक ब्लेड

बी] स्टॉक

सी] डिस्क

सी] मुख्य पैमाने

vernier bevel protractor 3 | Vernier Bevel Protractor

## वर्नियर बेवल प्रोट्रैक्टर

72] वर्नियर बेवल रक्षक का वह भाग जिस पर मुख्य पैमाने पर विभाजन अंकित होते हैं, वह है...

स्टॉक

बी] डायल

सी] डिस्क

डी] समायोज्य ब्लेड

73] बेवल प्रोट्रैक्टर का वह भाग, जो मापते समय झुकी हुई सतह के संपर्क में आता है, वह है...

ए] ब्लेड

बी] स्टॉक

सी] डिस्क

डी] डायल

74] वर्नियर बेवल प्रोट्रैक्टर के मुख्य पैमाने के प्रत्येक भाग का मान है...

ए] 5‘
बी] 1◦
सी] 5◦
डी]10◦
75] बेवल प्रोट्रैक्टर के वर्नियर स्केल के प्रत्येक भाग का मान होता है...
ए] 1◦
बी] 1◦5’
सी] 1◦55‘
डी] 5’
76] टैंपर शैंक ड्रिल मशीन पर किसके माध्यम से आयोजित की जाती है...
ए] चक्स
बी] आस्तीन
सी] बहाव
डी] वाइस

drilling
taper shank drills machine

77] ड्रिल चक को ड्रिलिंग मशीन स्पिंडल पर किस माध्यम से फिट किया जाता है...
ए] घुमावदार अंगूठी
बी] आर्बोर
सी] बहाव
डी] पिनियन और कुंजी
78] अभ्यास पर प्रदान किया गया मोर्स टेपर के बीच...
ए] एमटी 1 सेएमटी 5
बी] मीट्रिक टन 1 से मीट्रिक टन 4
सी] एमटी 0 से एमटी 5
डी] एमटी 0 से एमटी 4
79] एक बहाव के लिए प्रयोग किया जाता है ...
ए] एक ड्रिल स्थान बनाना
बी] मशीन स्पिंडल पर चक फिक्सिंग
C] टूटी हुई ड्रिल को काम से हटाना
डी] मशीनस्पिंडलसेड्रिलकोहटाना

80] जब ड्रिल का टेंपर शैंक मशीन स्पिंडल से बड़ा होता है, तो ड्रिल को होल्ड करने का उपकरण एक...

ए] ड्रिल आस्तीन

बी] टेपरसॉकेट

सी] ड्रिल बहाव

डी] चक और कुंजी

81] ड्रिलिंग मशीन में माइल्ड स्टील की ड्रिलिंग के लिए उपयुक्त कटिंग फ्लुइड है...

ए] सिंथेटिक घुलनशील तेल

बी] साफ तेल

सी] आसुत जल

डी] घुलनशीलतेल

82] रेडियल ड्रिलिंग मशीन की एक विशेष विशेषता है...

ए] इसका उपयोग एचएसएस ड्रिल के साथ ड्रिलिंग के लिए किया जा सकता है

बी] तालिका को किसी भी स्थिति में स्थानांतरित और सेट किया जा सकता है

सी ] विभिन्न प्रकार की गति उपलब्ध है

डी] धुरीकोकिसीभीस्थितिमेंलायाजासकताहै

piller

drilling machine drilling-machine-spindle

83] अभ्यास का बिंदु कोण निर्भर करता है...

ए] ड्रिल का आकार

बी] मशीन का प्रकार

सी] कामकीसामग्री

डी] ड्रिल का आरपीएम

84] एक मानक ड्रिल के लिए बिंदु कोण है...

ए] 60◦

बी] 108◦

सी] 118◦

डी] 135◦

85] पेचदार कोण निर्धारित करता है...

ए] कटिंग एंगल

बी] कोण चबाना

सी] <u>रेककोण</u>

डी] होंठ कोण

86] ड्रिल का निकासी कोण किसके बीच है...

ए] 3◦ से 5◦

बी] <u>8◦ से 12◦</u>

सी] 12◦ से 20◦

डी] 15◦ से 20◦

87] एक दूरस्थ स्थान में (बिजली उपलब्ध नहीं है) एक रेल ट्रैक को ड्रिल किया जाना है। सही ड्रिलिंग मशीन चुनें

ए] रेडियल ड्रिलिंग मशीन

बी] स्तंभ ड्रिलिंग मशीन

सी] <u>शाफ़्टड्रिलिंगमशीन</u>

डी] संवेदनशील ड्रिलिंग मशीन

drilling drilling machine

ड्रिलिंग

88] एक बढ़ई द्वारा कैबिनेट बनाने के लिए इस्तेमाल की जाने वाली ड्रिलिंग मशीन एक...

ए] शाफ़्ट ड्रिलिंग मशीन

बी] रेडियल ड्रिलिंग मशीन

सी] <u>ब्रेस्टड्रिलिंगमशीन</u>

डी] संवेदनशील ड्रिलिंग मशीन

89] निम्नलिखित में से कौन सी ड्रिलिंग मशीन का उपयोग ड्रिलिंग छेद के लिए किया जाता है जहां बिजली उपलब्ध नहीं होती है?

ए] बेंच ड्रिलिंग मशीन

बी] स्तंभ ड्रिलिंग मशीन

सी] रीडायल ड्रिलिंग मशीन

<u>डी] शाफ़्टड्रिलिंगमशीन</u>

90] निम्नलिखित में से किस ड्रिलिंग मशीन का उपयोग भारी काम के लिए किया जाता है?

ए] बेंच ड्रिलिंग मशीन

बी] स्तंभ ड्रिलिंग मशीन

<u>सी] रेडियलड्रिलिंगमशीन</u>

डी] इलेक्ट्रिक हैंड ड्रिलिंग मशीन

91] ड्रिल चक को मशीन स्पिंडल पर किस माध्यम से रखा जाता है?

<u>ए] आर्बर</u>

बी] बहाव

सी] ड्रा-इन बार

डी] चक अखरोट

92] एक संवेदनशील बेंच ड्रिलिंग मशीन में विभिन्न गतियां प्राप्त की जाती हैं ----

<u>ए] बेल्टचरखीतंत्र</u>

बी] हाइड्रोलिक तंत्र

सी] रैक और पिनियन तंत्र

डी] कैम और अनुयायी तंत्र

103] गन मेटल तांबे की मिश्रधातु है, ------------

<u>ए] टिनऔरजस्ता</u>

बी] सीसा और जस्ता

सी] जिंक और निकल

डी] सीसा और निकल

104] गटर बनाने के लिए, रूफ फ्लैशिंग, हुड आदि के लिए।

ए] जस्ती लोहा

बी] स्टेनलेस स्टील

सी] <u>कॉपर शीट</u>

डी] धातु की चादरें

105] डेयरियों में। खाद्य प्रसंस्करण, रसोई के बर्तन आदि

ए] जस्ती लोहा

बी] <u>स्टेनलेस स्टील</u>

सी] कॉपर शीट

डी] धातु की चादरें

106] बाल्टी, हीटिंग नलिकाएं, अलमारियाँ आदि बनाने के लिए।

ए] जस्ती लोहा

बी] स्टेनलेस स्टील

सी] कॉपर शीट

डी] धातु की चादरें

107] एक शीट में कई छेदों को छिद्रण के रूप में जाना जाता है?

ए) छिद्रण

बी) बिदाई

सी) नॉचिंग

घ) लांसिंग

108] शीट को दो या दो से अधिक टुकड़ों में काटने को क्या कहा जाता है?

ए) छिद्रण

बी) बिदाई

सी) नॉचिंग

घ) लांसिंग

109] शियरिंग ऑपरेशन में किनारों से टुकड़ों को हटाना कहलाता है?

ए) छिद्रण

बी) बिदाई

सी) नॉचिंग

घ) लांसिंग

110] बिना किसी सामग्री को हटाए टैब छोड़ना कहलाता है?

ए) छिद्रण

बी) बिदाई

सी) नॉचिंग

घ) लांसिंग

111] एक छोटे से सीधे पंच को तेजी से ऊपर और नीचे एक पासे में ले जाना एक प्रक्रिया द्वारा किया जाता है जिसे कहा जाता है?

ए) छिद्रण

बी) बिदाई

सी) निबलिंग

घ) लांसिंग

112] जैसे-जैसे शीट की मोटाई बढ़ेगी, वैसे-वैसे निकासी की भी आवश्यकता होगी?

ए) वृद्धि

बी) कमी

ग) कोई प्रभाव नहीं

d) पहले घटो फिर बढ़ो

113] बेवेलिंग किसकी कतरनी के लिए विशेष रूप से उपयुक्त है?

ए) पतला रिक्त स्थान

बी) मोटीरिक्तियां

ग) बहुत पतले रिक्त स्थान

d) उल्लेखित में से कोई नहीं

114] निम्नलिखित में से कौन सा डाई का एक प्रकार है?

ए) सरल मर जाता है

बी) प्रगतिशील मर जाता है

सी) कंपाउंड डाई

d) सभीउल्लेखित

115] निम्नलिखित में से कौन सा डाई ब्लैंकिंग, पंचिंग, नॉचिंग आदि जैसे कई ऑपरेशन कर सकता है?

ए) सरल मर जाता है

बी) प्रगतिशीलमरजाताहै

सी) कंपाउंड डाई

d) उल्लेखित में से कोई नहीं

182] निम्नलिखित में से किसका उपयोग केवल धागे के सही रूप को खत्म करने और बनाए रखने के लिए किया जाता है?

नल

बी] थ्रेडिंग टूल

सी] थ्रेडिंग चेज़र

डी] इत्तला दे दी उपकरण

188] एक डाई जिसमें एक स्ट्रोक में एक से अधिक कटिंग ऑपरेशन बनते हैं

ए] पियर्सिंग डाई

बी] प्रोग्रेसिव डाई

C] कॉम्बिनेशन डाई

डी] कंपाउंड डाई

189] एक डाई जिसमें प्रति स्ट्रोक कटिंग और नॉन कटिंग ऑपरेशन किए जाते हैं।

ए] पियर्सिंग डाई

B ] प्रोग्रेसिव डाई

C] कॉम्बिनेशन डाई

डी] कंपाउंड डाई

tap and die1 Tap Die

मरो टैप करें

190] एक डाई जिसमें दो या दो से अधिक स्टेशनों पर दो या दो से अधिक अनुक्रमिक संचालन काम पर किए जाते हैं।

ए] पियर्सिंग डाई

बी] <u>प्रोग्रेसिव डाई</u>

C] कॉम्बिनेशन डाई

डी] कंपाउंड डाई

191] एक डाई जिसमें पंच और डाई का आकार सीधे धातु में कम या बिना धातु प्रवाह के पुन: उत्पन्न होता है।

ए] प्रोग्रेसिव डाई

बी] संयोजन मरो

C] कंपाउंड डाई

डी] <u>मरने का गठन</u>

192] किसी भी आकार के छेद बनाने के लिए इस्तेमाल की जाने वाली डाई।

ए] <u>पियर्सिंग डाई</u>

बी] प्रोग्रेसिव डाई

C] कॉम्बिनेशन डाई

डी] कंपाउंड डाई

1 93] अपघर्षक ............... में वर्गीकरण हैं।

<u>ए] दोप्रकार</u>

बी] तीन प्रकार

ग] एक प्रकार

डी] चार प्रकार

194] घर्षण से बने ग्राइंडिंग व्हील्स अपने फ्री और कूल कटिंग एक्शन के कारण सबसे आम हैं।

<u>ए] एल्यूमिनियमऑक्साइड</u>

बी] सिलिकॉन ऑक्साइड

सी] अमोनियम ऑक्साइड

डी] कार्बाइड।

195] निम्नलिखित में से किस अपघर्षक का उपयोग ज्यादातर गैर-धातु सामग्री को काटने के लिए पहियों को काटने के लिए किया जाता है?

ए] एल्यूमिनियम ऑक्साइड

<u>बी] सिलिकॉनकार्बाइड</u>

सी] हीरा

डी] उपरोक्त में से कोई नहीं

196] टंगस्टन कार्बाइड उपकरण डालने को पीसने के लिए किस अपघर्षक कण का उपयोग किया जाता है?

<u>ए] सिलिकॉनकार्बाइड</u>

बी] ए|203

सी] हीरा

डी] कोरन्डम

197] निम्नलिखित में से कौन सा प्राकृतिक अपघर्षक है?

ए] एल्यूमिनियम ऑक्साइड

बी] सिलिकॉन

सी] बोरॉन कार्बाइड

<u>डी] कोरन्डम</u>

198] निम्नलिखित में से कौन सा निर्मित अपघर्षक है?

ए] कोरन्डम।

बी] क्वार्ट्ज

<u>सी] सिलिकॉन</u>

डी] एमरी

199] स्टील फिटिंग को पीसने के लिए किस अपघर्षक कण का उपयोग किया जाता है?

ए] सिलिकॉन कार्बाइड

<u>बी] एल्यूमिनियमऑक्साइड</u>

सी] हीरा।

डी] बोरॉन ऑक्साइड

200] कंक्रीट के पत्थर और चिनाई को काटने के लिए किस तरह के अपघर्षक कट ऑफ व्हील का उपयोग किया जाना चाहिए?

ए] सिलिकॉन

बी] अल 203

<u>सी] डायमंडग्रिट</u>

डी] ग्लास

201] एल्युमिनियम ऑक्साइड व्हील पीसने के लिए प्रयोग किया जाता है ------------

ए] कच्चा लोहा

बी] सीमेंटेड कार्बाइड।

<u>सी] एचएसएस '</u>

डी] सिरेमिक

202] इत्तला दे दी गई औज़ार की ऑफहैंड ग्राइंडिंग के लिए उपयुक्त हीरे के पहिये का बंधन ...........

ए] रेजिनोइड

बी ] विट्रिफाइड

सी] शैलैक

<u>डी] धातु</u>

Grinding wheels 1 bench grinder-wheel

पीसने का चक्का

318] प्रति इंच थ्रेड्स की संख्या की जाँच a . से की जा सकती है

ए] टूल गेज

बी] गिनती द्वारा मीट्रिक नियम

सी] रिंग गेज

डी] <u>पेंचपिचगेज</u>

screw pitch gauge Screw Pitch Gauge

पेंचपिचगेज

319] थ्रेडिंग करते समय, गाड़ी को रास्ते में ले जाया जाता है
ए] एक ट्रैक पर एक गियर ट्रेन
बी] फीड रॉड स्पलाइन या की-वे
सी] लीडस्क्रूथ्रेड
डी] हाथ पहिया
320] थ्रेड चेज़र का उपयोग के लिए किया जाता है
ए] धागे का त्वरित उत्पादन
बी] धागेकाएकसटीकरूपबनाएरखना
सी] कठोर सामग्री पर धागे काटना
डी] नरम सामग्री पर धागे काटना
प्रश्न 1. निम्नलिखित में से कौन दुर्घटना का कारण नहीं है
ए)। खतरेकेबारेमेंजागरूकता
बी)। सुरक्षा की अवहेलना
सी)। उचित सुरक्षा प्रक्रियाओं की समझ का अभाव
डी)। औजारों का अनुचित उपयोग
प्रश्न 2. यदि आपके मित्र को भारी बिजली का झटका लगता है, तो पहली क्रिया क्या है?
ए)। दोस्त को लाइव कंडक्टर से खींचो
बी)। दोस्त को जलने से बचाने के लिए पानी डालो
सी)। प्राथमिक चिकित्सा बॉक्स लायें
डी)। करंटकोतुरंतबंदकरदें
Q 3. निम्नलिखित को सुमेलित कीजिए - सुरक्षा चिन्ह आकृति
(i) निषेध चिह्न (p) त्रिकोणीय
(ii) चेतावनी चिन्ह (क्यू) वर्ग
(iii) सूचना (आर) डेटा
ए)। (i) - (आर); (ii) - (पी); (iii) - (क्यू)
बी)। (i) - (पी); (ii) - (आर); (iii) - (क्यू)
सी)। (i) - (आर); (ii) - (क्यू); (iii) - (पी)
डी)। (i) - (क्यू); (ii) - (पी); (iii) - (आर)
प्रश्न 4. चित्र में दर्शाए अनुसार चेतावनी चिन्ह को पहचानें -
ए)। विस्फोट का खतरा
बी)। बिजली के झटके का खतरा
सी)। आयनकारीविकिरणकाजोखिम
डी)। आग का खतरा

Q 5. धातु के एक वृत्ताकार टुकड़े पर किनारे को मोड़ने की प्रक्रिया कहलाती है

ए)। <u>बरिंग</u>

बी)। बीडिंग

सी)। बनाने

डी)। योजना बनाना

प्रश्न 6. निम्नलिखित का मिलान करें - संयुक्त भत्ते के प्रकार

(i) अंडाकार जोड़ (जी) (पी) 2W+3T

(ii) पैनडाउन संयुक्त (पी) (क्यू) 2W+2T

(iii) नॉक अप ज्वाइंट (के) (आर) डब्ल्यू

ए)। (i) - (आर); (ii) - (पी); (iii) - (क्यू)

बी)। (i) - (पी); (ii) - (आर); (iii) - (क्यू)

सी)। <u>(i) - (आर); (ii) - (क्यू); (iii) - (पी)</u>

डी)। (i) - (क्यू); (ii) - (पी); (iii) - (आर)

Q 7. निम्नलिखित में से किस विधि से किनारे को सख्त किया जा सकता है,

ए)। तारों

बी)। निकला हुआ किनारा

सी)। कर्लिंग

डी)। ये सभी

Q 8. निम्नलिखित में से कौन एज स्टिफनिंग का उद्देश्य नहीं है?

ए)। किनारों को अतिरिक्त मजबूती और कठोरता देने के लिए

बी)। <u>सुरक्षितसंचालनकेलिएतेजकिनारोंकोप्रदानकरनेकेलिए</u>

सी)। किनारों को झुकने / बकलिंग से रोकने के लिए

डी)। हैंडलिंग के दौरान किनारों को नुकसान से बचाने के लिए।

Q 9. __________ सामग्री का एक टुकड़ा है, जिसे वांछित वस्तु बनाने के लिए सटीक आकार और आकार में काटा जाता है।

ए)। <u>नमूना</u>

बी)। विन्यास

सी)। कार्यभार में वृद्धि

डी)। खंड

Q 10. घूंसे ____________ के बने होते हैं।

ए)। स्टेनलेस स्टील

बी)। <u>औजारोंकास्टील</u>

सी)। नरम इस्पात

डी)। कच्चा लोहा

Q 11. निम्नलिखित में से कौन रिवेट का हिस्सा नहीं है?

ए)। सिर

बी)। शरीर

सी)। पूंछ

डी)। खटास

Q 12. धातु की सतह के ऊपर कीलक सिर की ऊंचाई को कम करने के लिए __________ का उपयोग किया जाता है।

ए)। मशरूमसिर

बी)। स्नैप हेड

सी)। सिर के ऊपर

डी)। काउंटरसंक हेड

प्रश्न 13. चित्र में दिखाए अनुसार कीलक की पहचान करें -

ए)। सिरकेऊपर

बी)। काउंटरसंक हेड

सी)। स्नैप हेड

डी)। मशरूम सिर

Q 15. सोल्डरिंग में, __________ का उपयोग मुख्य रूप से स्टेनलेस स्टील के लिए फ्लक्स के रूप में किया जाता है।

ए)। फॉस्फोरिकएसिड

बी)। हाइड्रोक्लोरिक एसिड

सी)। जिंक क्लोराइड

डी)। अमोनियम क्लोराइड

प्रश्न 16. पीतल, तांबा और आभूषणों की सोल्डरिंग के लिए किस प्रकार के सोल्डर का उपयोग किया जाता है

ए)। आम मिलाप

बी)। मोटे मिलाप

सी)। ठीक मिलाप

डी)। अतिरिक्तठीकमिलाप

Q 18. सिल्वर सोल्डर का गलनांक _____ होता है।

ए)। 350°C

बी)। 400°C

सी)। 600°C

डी)। 850°C

Q 19. ब्लो लैम्प का टैंक ________ का बना होता है।

ए)। पीतल

बी)। पीतल

सी)। नरम इस्पात

डी)। कच्चा लोहा

Q 20. ब्लो लैंप के घटक X की पहचान करें जैसा कि चित्र में दिखाया गया है -

ए)। दबाव रिलीज वाल्व

बी)। समर्थन ब्रैकेट

सी)। पेट्रोल की टंकी पर लगाने वाला ढक्कन

डी)। बर्नरहाउसिंग

प्रश्न 21. चित्र में दिखाए अनुसार पाइप जोड़ के प्रकार की पहचान करें -

ए)। टीजोड़

बी)। शाखा संयुक्त

सी)। एल कोहनी संयुक्त एल

डी)। वाई संयुक्त वाई

Q 22. रोटरी कटर की एक जोड़ी द्वारा _________ के साथ शीट मेटल को काटने के लिए रोटरी शीयर को डिज़ाइन किया गया है, जो लगातार काटने की क्रिया को घुमाते और उत्पन्न करते हैं।

ए)। सीधी रेखा

बी)। घेरा

सी)। घुमावदार रेखाएं

डी)। सीधीरेखा, वृत्तऔरवक्ररेखाएँ

Q 23. निम्न में से कौन एक मापने का उपकरण नहीं है

ए)। वर्गकाप्रयासकरें

बी)। इस्पात नियम

सी)। जाला

डी)। माइक्रोमीटर

Q 24. एक कोशिश वर्ग द्वारा माप की सटीकता लगभग ______ प्रति 10 मिमी लंबाई है।

ए)। 0.001 मिमी

बी)। 0.002 मिमी

सी)। 0.005 मिमी

डी)। 0.010 मिमी

Q 25. संयोजन सेट में, ____________ को घुमाया जा सकता है और किसी भी आवश्यक कोण पर सेट किया जा सकता है।

ए)। वर्ग सिर

बी)। <u>प्रोट्रैक्टरहेड</u>

सी)। केंद्र प्रमुख

डी)। नियम

Q 26. डिवाइडर का आकार ____________ से होता है।

ए)। 50 मिमी से 100 मिमी

बी)। <u>50 मिमीसे 200 मिमी</u>

सी)। 50 मिमी से 300 मिमी

डी)। 50 मिमी से 600 मिमी

Q 28. ऑक्सी-एसिटिलीन गैस वेल्डिंग में, ऑक्सीजन सिलेंडर __________ के बीच के दबाव के साथ __________ की क्षमता तक गैस को स्टोर कर सकता है।

ए)। <u>7 एम3 ; 120-150 किग्रा / सेमी2</u>

बी)। 6 एम3 ; 15-16 किग्रा/सेमी2

सी)। 7 एम3 ; 12-15 किग्रा / सेमी2

डी)। 6 एम3 ; 150-160 किग्रा / सेमी2

Q 30. ऑक्सी एसिटिलीन गैस वेल्डिंग करते समय एसिटिलीन सिलेंडर को किस स्थिति में रखना चाहिए

ए)। <u>सीधासीधा</u>

बी)। क्षैतिज

सी)। झुकाव की स्थिति में

डी)। इनमें से कोई नहीं

प्रश्न 31. चित्र में दिखाए अनुसार उपकरण की पहचान करें -

ए)। स्पार्क लाइटर

बी)। <u>इलेक्ट्रोडहोल्डर</u>

सी)। पृथ्वी दबाना

डी)। टिप क्लीनर

Q 32. गैस वेल्डिंग ब्लो पाइप का नोजल __________ का बना होता है।

ए)। <u>ताँबा</u>

बी)। लोहा

सी)। पीतल

डी)। अल्युमीनियम

Q 33. निम्नलिखित में से कौन गैस वेल्डिंग में फ्लक्स का कार्य है?

ए)। घुलने वाला ऑक्साइड

बी)। सफाई

सी)। अशुद्धियों को रोकने के लिए

डी)। येसभी

Q 34. आर्क वेल्डिंग में ऊष्मा का स्रोत क्या है?

ए)। टकराव

बी)। वोल्टेज

सी)। बिजली

डी)। गैस

Q 35. ऑक्सीजन गैस सिलेंडर का रंग __________ होता है।

ए)। हरा

बी)। नीला

सी)। लाल

डी)। काला

Q 36. निम्नलिखित में से कौन एक प्रकार का डोवेटेल सीम नहीं है?

ए)। मैदान

बी)। निकला हुआ

सी)। फिसलना

डी)। मोतियों

Q 37. शीट मेटल वर्क में एल्युमिनियम फैब्रिकेशन का उपयोग किया जाता है क्योंकि -

ए)। यह वजन में हल्का है

बी)। यह जंग के लिए प्रतिरोधी है

सी)। इसे प्रोसेस करना आसान है

डी)। येसभी

Q 39. निम्नलिखित में से कौन एल्युमिनियम का गुण नहीं है?

ए)। यह हाइड्रोक्लोरिक एसिड में आसानी से घुल जाता है

बी)। इसका विशिष्ट गुरुत्व लगभग 2.7 . है

सी)। यहएकचुंबकीयपदार्थहै

डी)। यह गर्मी और बिजली का बहुत अच्छा संवाहक है

Q 40. तांबे का गलनांक __________ होता है।

ए)। 1063 डिग्री सेल्सियस

बी)। 1083 डिग्रीसेल्सियस

सी)। 660 डिग्री सेल्सियस

डी)। 2300 डिग्री सेल्सियस

Q 41. निम्न में से कौन सा एल्युमिनियम का अनुप्रयोग नहीं है

ए)। इसका उपयोग स्टील के निर्माण में कम करने वाले एजेंट के रूप में किया जाता है

बी)। इसका उपयोग स्टील की ढलाई में किया जाता है

सी)। इसकाउपयोगविद्युतइन्सुलेटरकेनिर्माणमेंकियाजाताहै

डी)। इसका उपयोग पाउडर के रूप में पेंट के निर्माण में किया जाता है

Q 42. हीटिंग के लिए अक्सर किस पैटर्न विकास पद्धति का उपयोग किया जाता है, वेंटिलेशन, और एयर कंडीशनिंग (एचवीएसी) डक्ट काम

ए)। समानांतर रेखा विधि

बी)। रेडियललाइनविधि

सी)। त्रिभुज विधि

डी)। ज्यामितीय निर्माण विधि

Q 43. ______________ का उपयोग विस्फोटक कारखानों और पेट्रोलियम रिफाइनरियों में किया जाता है.______________

ए)। वायवीयहाथड्रिल

बी)। इलेक्ट्रिक हैंड ड्रिल (लाइट ड्यूटी)

सी)। इलेक्ट्रिक हैंड ड्रिल (भारी शुल्क)

डी)। ये सभी

Q 44. निम्नलिखित में से कौन सा सिंथेटिक घुलनशील काटने वाला तेल लोहा, स्टील, गैर-मिश्र धातु और निकल क्रोम स्टील को पीसने के लिए उपयुक्त है

ए)। सर्वोसिंथ 2

बी)। सर्वोसिंथ 3

सी)। सर्वोसिंथ 4

डी)। सर्वोसिंथ 5

Q 45. प्रेस ब्रेक को रेटेड क्षमता पर झुकने के लिए डिज़ाइन किया गया है जो a . पर निर्भर करता है

______ का डाई अनुपात, जिसे आदर्श स्थिति के रूप में स्वीकार किया जाता है।

ए)। 4:1

बी)। 6:1

सी)। 8:1

डी)। 10:1

Q 46. बार का उपयोग करके शीट को मोड़ने के दौरान संचालन का सही क्रम फोल्डर हैं - 1. वर्कपीस सेट करना 2. फोल्डिंग 3. क्लैम्पिंग 4. काम हटाना

ए)। 1-2-3-4

बी)। 1-3-2-4

सी)। 1-2-4-3

डी)। 1-3-4-2

Q 47. यूनिवर्सल स्वेजिंग मशीन में चौड़ाई निर्धारित करने के लिए __________ का उपयोग किया जाता है

निकला हुआ किनारा और डिस्क को एक समान flanging प्राप्त करने के लिए मार्गदर्शन करने के लिए।

ए)। रोलर्स के लिए लॉकिंग नट

बी)। रोलर्स का सेट

सी)। कसनेवालेपेंचकेसाथगेजप्लेट

डी)। ऊपरी रोलर समायोजन संभाल

Q 48. यूनिवर्सल स्वेजिंग मशीन पर किए गए ऑपरेशन की पहचान करें:

चित्र में दिखाया गया है

ए)। निकलाहुआकिनारा

बी)। बरिंग

सी)। सपाट

डी)। कोहनी किनारा

Q 49. तीन रोल बनाने वाली मशीनों में भारी गेज शीट और प्लेट _________ द्वारा बनते हैं।

ए)। सादाबनानेकीमशीन

बी)। पर्ची रोल बनाने की मशीन

सी)। पिरामिड प्रकार रोल बनाने की मशीन

डी)। ये सभी

Q 50. फ्लाई प्रेस में, फ्लाई आर्म के रोटरी मूवमेंट को आर्म के __________ मूवमेंट में बदल दिया जाता है।

ए)। दोलन

बी)। रूपांतरित

सी)। प्रत्यागामी

डी)। परिपत्र

Q 51. छोटे टुकड़े वाले हिस्से की ड्रिलिंग करते समय निम्नलिखित में से किस जिग का उपयोग किया जा सकता है?

ए)। ठोसजिगो

बी)। पोस्ट जिगो

सी)। टेबल जिगो

डी)। सैंडविच जिगो

Q 52. स्क्रूड्राइवर कई आकारों में उपलब्ध हैं, ब्लेड की लंबाई _________ से लेकर।

ए)। 25 मिमी से 500 मिमी

बी)। 30 मिमी से 300 मिमी

सी)। 30 मिमी से 500 मिमी

डी)। <u>25 मिमीसे 300 मिमी</u>

Q 53. कृत्रिम रत्नों, बिजली के बल्बों, लेंसों और प्रिज्मों के निर्माण में निम्नलिखित में से किस कांच का प्रयोग किया जाता है?

ए)। <u>पोटाश-लीडग्लास</u>

बी)। पोटाश-लाइम ग्लास

सी)। सोडा लाइम गिलास

डी)। आम गिलास

Q 54. DC वेल्डिंग में, ऊष्मा का _____ क्रमशः धनात्मक सिरे से और _____ ऋणात्मक सिरे से मुक्त होता है। |

ए)। 1/3; 2/3

बी)। <u>2/3 ; 1/3</u>

सी)। 1/2; 1/2

डी)। 3/4; 1/4

Q 55. एसी वेल्डिंग ट्रांसफार्मर में, एसी मुख्य आपूर्ति है

ए)। उच्च एम्पीयर-कम वोल्टेज

बी)। <u>उच्चवोल्टेज-निम्नएम्पीयर</u>

सी)। उच्च एम्पीयर-उच्च वोल्टेज

डी)। कम वोल्टेज-कम एम्पीयर

Q 56. DC वेल्डिंग जनरेटर में, ___________ एक शाफ्ट पर लगाया जाता है जो इसके अंत में व्यवस्थित उपयुक्त बियरिंग्स पर घूमता है।

ए)। <u>आर्मेचर</u>

बी)। commutators

सी)। कार्बन कूचियां

डी)। मुख्य प्रस्तावकर्ता

Q 57. चित्र में दिखाए अनुसार वेल्डिंग दोष की पहचान करें -

ए)। <u>लावासमावेश</u>

बी)। छींटे

सी)। झटका छेद

डी)। काटकर अलग कर देना

Q 58. चित्र एक प्रतीक को दर्शाता है, यह किस प्रकार का प्रतीक है

ए)। स्क्वायर बट वेल्ड

बी)। <u>प्लगवेल्ड</u>

सी)। स्पॉट वेल्ड

डी)। सीवन वेल्ड

Q 59. TIG वेल्डिंग में आमतौर पर इस्तेमाल होने वाली दो अक्रिय गैसें हैं -

ए)। आर्गन और कार्बन डाइऑक्साइड

बी)। आर्गनऔरहीलियम

सी)। हीलियम और कार्बन डाइऑक्साइड

डी)। कार्बन डाइऑक्साइड और नाइट्रोजन

Q 60. स्टेनलेस स्टील शीट की TIG वेल्डिंग के लिए DCEP पर हीट डिस्ट्रीब्यूशन है -

ए)। इलेक्ट्रोड - 67% औरकार्य - 33%

बी)। इलेक्ट्रोड - 33% और कार्य - 67%

सी)। इलेक्ट्रोड - 50% और कार्य - 50%

डी)। इलेक्ट्रोड - 75% और क़ार्य - 25%

Q 61. शुद्ध टंगस्टन का गलनांक ______ होता है।

ए)। 3380 डिग्रीसेल्सियस

बी)। 1083 डिग्री सेल्सियस

सी)। 1768 डिग्री सेल्सियस

डी)। 3017 डिग्री सेल्सियस

Q 62. लेजर कटिंग में एज मशीनिंग भत्ता ________ है।

ए)। 9.52 मिमी

बी)। 5.08 मिमी

सी)। 1.27 मिमी

डी)। 2.03 मिमी

Q 63. निम्नलिखित में से किस सामग्री को वाटर जेट कटिंग से नहीं काटा जा सकता है?

ए)। टेम्पर्डग्लास

बी)। प्लास्टिक

सी)। पथरी

डी)। चमड़ा

Q 64. निम्न में से कौन सा कमांड DRAW TOOL से संबंधित नहीं है

ए)। रेखा

बी)। बहुभुज

सी)। आयत

डी)। नाला

Q 65. AutoCAD 2008 विंडो के शीर्ष पर स्थित टूलबार है-

ए)। मानकउपकरणपट्टी

बी)। टूलबार ड्रा करें

सी)। टूलबार संशोधित करें

डी)। गुण टूलबार

Q 66. ऑटोकैड में, _______ के लिए कीबोर्ड की F9 कुंजी दबाएं।

ए)। स्नैपऑन/ऑफ

बी)। ग्रिड चालू/बंद

सी)। ऑर्थो ऑन/ऑफ

डी)। ओस्नैप चालू/बंद

प्रश्न 67. प्राथमिक चिकित्सा का उद्देश्य क्या है?

ए)। जीवन की रक्षा करें

बी)। नुकसान को रोकें

सी)। वसूली को बढ़ावा देना

डी)। येसभी

Q 68. शीट मेटल में डॉली ब्लॉक का क्या उपयोग होता है?

ए)। आकारदेनेवालीशीटधातु

बी)। शीट धातु में शामिल होना

सी)। हैमरिंग शीट मेटल

डी)। शीट धातु की जाँच करना

Q 69. आकृति में दिखाए गए टूल को पहचानें।

ए)। वर्गकाप्रयासकरें

बी)। फ़ाइल

सी)। छेनी

डी)। इस्पात नियम

Q 70. शीट मेटल वर्क्स में इस्तेमाल की जाने वाली हीटिंग तकनीक निम्नलिखित में से कौन सी है?

ए)। ब्लो लैम्प

बी)। रसोई गैस

सी)। हाथ फोर्जिंग

डी)। येसभी

Q 71. शीट धातु का कार्य केवल धातु की चादरों पर किया जाता है, जो ___________ हैं

ए)। लुढ़का

बी)। जाली

सी)। फेंकना

डी)। ढलवां

Q 72. निम्न में से किस शीट का उपयोग अत्यधिक बनाने के लिए किया जाता है? संक्षारक एसिड टैंक

ए)। लीडशीट

बी)। काले लोहे की चादरें

सी)। जस्ती लोहे की चादरें

डी)। स्टेनलेस स्टील शीट

Q 73. कैथोडिक और एनोडिक सुरक्षा वे तकनीकें हैं जिनमें हम धातु को ____________ से बचाते हैं

ए)। जंग

बी)। गलन

सी)। झुकने

डी)। घुमा

Q 74. एल्युमिनियम और मैग्नीशियम की वस्तुओं के लिए उपयोग की जाने वाली ऑक्सीकरण प्रक्रिया को ____________ कहा जाता है

ए)। एनोडाइजिंग

बी)। galvanizing

सी)। सायनाइडिंग

डी)। शेरार्डिंग

Q 75. शीट के दो किनारों को बांधकर बनाए गए जोड़ का नाम क्या है? एक साथ धातु

ए)। सीवन

बी)। अंडाकार

सी)। झालर

डी)। फलक

Q 76. नॉक-अप-संयुक्त के लिए भत्ता ________ है

ए)। के = 2 डब्ल्यू + 2 टी

बी)। के = 2 डब्ल्यू + 3 टी

सी)। के = 3 डब्ल्यू + 2 टी

डी)। के = 4 डब्ल्यू + 6 टी

Q 77. यदि d = तार का व्यास और t = शीट धातु की मोटाई, तो वायरिंग भत्ता __________ के बराबर है

ए)। 2.5 एक्सडी + टी

बी)। 2.5 + डीएक्सटी

सी)। 2.5 xd + 2t

डी)। 2.5 एक्सडी + 4टी

Q 78. रेडियल लाइन विधि में विकसित होने पर केंद्र को क्या माना जाता है

ए)। सर्वोच्च

बी)। एक्सिस

सी)। आधार

डी)। सतह

Q 79. ऐसे घटक जिन्हें या तो समानांतर रेखा विधि या रेडियल रेखा विधि या त्रिभुज विधि द्वारा विकसित नहीं किया जा सकता __________ द्वारा आसानी से विकसित किया जा सकता है

ए)। ज्यामितीयनिर्माणकेतरीके

बी)। अनुमानित विधि

सी)। जोन विधि

डी)। लाइन विधि

Q 80. पंच उनके __________ द्वारा निर्दिष्ट किए जाते हैं

ए)। व्यास

बी)। अग्रणी

सी)। क्रॉस सेक्शन

डी)। काटनेकाकोण

Q 82. सोल्डर के लिए किस सामग्री का उपयोग किया जाता है

ए)। शुद्धधातुयामिश्रधातु

बी)। अधातु तत्व

सी)। सिंथेटिक तत्व

डी)। इनमें से कोई नहीं

Q 83. सोल्डरिंग के लिए किस फ्लक्स का उपयोग किया जाता है, जो पाउडर के रूप में उपयोग किया जाता है और गर्म करने पर वाष्पित हो जाता है

ए)। अमोनियमक्लोराइड

बी)। हाइड्रोक्लोरिक एसिड

सी)। जिंक क्लोराइड

डी)। फॉस्फोरिक एसिड

Q 84. समान व्यास वाले पाइप की 90 कोहनी के लिए समानांतर रेखा विधि द्वारा पैटर्न को विकसित करने के लिए योजना को कितने भागों में विभाजित किया गया है

ए)। 12

बी)। 15

सी)। 20

डी)। 22

Q 85. 12 मिमी व्यास से कम के पाइप को ____________ कहा जाता है

ए)। नली

बी)। पाइप

सी)। सॉकेट

डी)। पार

Q 86. 1/8", 5/32" और 3/16" व्यास के मानक खुले प्रकार के रिवेट्स 1/8 ", 5/32" 3/16" सेट करने के लिए किस टूल का उपयोग किया जाता है?

ए)। आलसीजीभ

बी)। खुला तोड़ तना

सी)। ड्राइव पिन रिवेट्स

डी)। सील

Q 87. एक ऑक्सी एसिटिलीन गैस संयंत्र में, ईंधन गैस का प्रयोग किया जाता है है____________

ए)। एसिटिलीन

बी)। ऑक्सीजन

सी)। हाइड्रोजन

डी)। रसोई गैस

Q 88. ऑक्सी एसिटिलीन गैस वेल्डिंग में लपटें कितने प्रकार की होती हैं

ए)। 3

बी)। 2

सी)। 5

डी)। 4

Q 89. निम्नलिखित में से कौन सी वेल्डिंग प्रक्रिया नीचे चित्र में दिखाई गई है

ए)। चापवेल्डिंग

बी)। सबमर्ज्ड आर्क वेल्डिंग

सी)। थर्माइट वेल्डिंग

डी)। फ्लैश बट वेल्डिंग

Q 90. निम्नलिखित में से कौन सा वेल्डिंग एक्सेसरी नीचे चित्र में दिखाया गया है

ए)। पृथ्वीदबाना

बी)। इलेक्ट्रोड होल्डर

सी)। अर्थ केबल

डी)। सी-क्लैंप सी-

Q 91. निम्नलिखित में से कौन सा वेल्डिंग एक्सेसरी नीचे चित्र में दिखाया गया है

ए)। गैस काटने वाली मशाल

बी)। गैसवेल्डिंगमशाल

सी)। मिग वेल्डिंग मशाल

डी)। छूत वेल्डिंग मशाल

Q 92. विद्युत चाप वेल्डिंग में प्रयुक्त चाप है -

ए)। कमवोल्टेज, उच्चवर्तमाननिर्वहन

बी)। कम वोल्टेज, कम वर्तमान निर्वहन

सी)। उच्च वोल्टेज, उच्च वर्तमान निर्वहन

डी)। उच्च वोल्टेज, कम वर्तमान निर्वहन

Q 93. मैनुअल मेटल आर्क वेल्डिंग को _________ के रूप में भी जाना जाता है

ए)। SMAW

बी)। GMAW

सी)। GTAW

डी)। एफसीएडब्ल्यू

Q 94. निम्नलिखित में से कौन-सा एक सुरक्षा उपकरण है जिसका प्रयोग गैस वेल्डिंग संयंत्र में किया जाता है?

ए)। फ्लैशबैकअरेस्टर

बी)। उड़ा पाइप

सी)। एसिटिलीन गैस जनरेटर

डी)। इनमें से कोई नहीं

Q 95. निम्नलिखित में से कौन एक प्रकार का डोवेटेल सीम नहीं है?

ए)। मैदान

बी)। निकला हुआ

सी)। फिसलना

डी)। मोतियों

Q 96. निम्न में से कौन सा एल्युमिनियम का अनुप्रयोग नहीं है

ए)। इसका उपयोग स्टील के निर्माण में कम करने वाले एजेंट के रूप में किया जाता है

बी)। इसका उपयोग स्टील की ढलाई में किया जाता है

सी)। इसकाउपयोगविद्युतइन्सुलेटरकेनिर्माणमेंकियाजाताहै

डी)। इसका उपयोग पाउडर के रूप में पेंट के निर्माण में किया जाता है

Q 97. एल्युमिनियम के बारे में निम्नलिखित में से कौन सा कथन सत्य है?

ए)। यह तन्य धातु है

बी)। यह गैर-चुंबकीय है

सी)। एल्युमिनियम ऑक्साइड में एल्युमिनियम की तुलना में अधिक गलनांक होता है

डी)। येसभी

Q 98. पीतल तांबे का मिश्र धातु है और ____________

ए)। अल्युमीनियम

बी)। जस्ता

सी)। टिन

डी)। इस्पात

Q 99. एक शीट में कई छेद करना _________ के रूप में जाना जाता है

ए)। छिद्रण

बी)। जुदाई

सी)। निशाना साधना

डी)। लैंसिंग

Q 100. घूंसे ___________ से बने होते हैं

ए)। स्टेनलेस स्टील

बी)। औजारोंकास्टील

सी)। नरम इस्पात

डी)। कच्चा लोहा

Q 101. हाइड्रोलिक पाइपबेंडिंग मशीन का ऑपरेटिंग सिद्धांत निम्नलिखित में से कौन सा है?

ए)। यह संचालित करने के लिए गतिज ऊर्जा का उपयोग करता है।

बी)। यहसंचालितकरनेकेलिएहाइड्रोलिकपावरकाउपयोगकरताहै।

सी)। यह संचालित करने के लिए परमाणु शक्ति का उपयोग करता है

डी)। इनमें से कोई नहीं

Q 102. एक शीट धातु को वक्र अक्ष के साथ मोड़ने की क्रिया को _________ के रूप में भी जाना जाता है

ए)। बनाने

बी)। जल्दी से आगे बढ़नेवाला

सी)। निशाना साधना

डी)। स्लिटिंग

Q 103. स्थिरता एक उपकरण है जो ______________

ए)। वर्कपीस धारण करता है

बी)। वर्कपीस का पता लगाता है

सी)। वर्कपीसकोहोल्डऔरलोकेटकरताहै

डी)। वर्कपीस को न तो पकड़ता है और न ही ढूंढता है

Q 104. निम्नलिखित में से कौन-सा एक जिगो का तत्व है?

ए)। आधार

बी)। टूल गाइडिंग फ्रेम

सी)। शरीर

डी)। येसभी

Q 105. एक घुमावदार शीट धातु को सीधा करने के संचालन को __________ के रूप में जाना जाता है

ए)। योजनाबनाना

बी)। चित्रकला

सी)। फैलाएंगे

डी)। गढ़ने

Q 106. आर्क वेल्डिंग में प्रयुक्त ट्रांसफॉर्मर का प्रकार निम्न में से कौन सा है

ए)। त्यागपत्रदेना

बी)। आगे आना

सी)। एक से एक

डी)। आपूर्ति वोल्टेज बढ़ाने में सक्षम

क्यू 107. प्रतिरोध वेल्डिंग में उत्पन्न गर्मी (एच) __________ द्वारा व्यक्त की जाती है।

ए)। I2RT

बी)। 2आईआरटी

सी)। IR2T

डी)। आईआरटी2

Q 108. निम्नलिखित में से कौन सी वेल्डिंग प्रक्रिया नीचे चित्र में दिखाई गई है

ए)। स्पॉटवैल्डिंग

बी)। सीवन वेल्डिंग

सी)। प्रोजेक्शन वेल्डिंग

डी)। फ्लैश बट वेल्डिंग

Q 109. निम्नलिखित में से कौन सा वेल्डिंग एक्सेसरी नीचे चित्र में दिखाया गया है

ए)। CO2 वेल्डिंगमशाल CO2

बी)। ऑक्सी-एसिटिलीन गैस काटने वाली मशाल

सी)। ऑक्सी-एसिटिलीन गैस वेल्डिंग मशाल

डी)। छूत वेल्डिंग मशाल

Q 110. निम्न में से किस अक्रिय गैस का उपयोग MIG वेल्डिंग में किया जाता है

ए)। आर्गन

बी)। क्सीनन

सी)। कार्बन डाइआक्साइड

डी)। नाइट्रोजन

Q 111. निम्न में से कौन MIG वेल्डिंग का दूसरा नाम है?

ए)। CO2 वेल्डिंग CO2

बी)। पत्रिकावेल्डिंग

सी)। टंग्स्टन गैस से होने वाली वेल्डिंग

डी)। सबमर्ज्ड आर्क वेल्डिंग

Q 112. निम्न में से कौन MIG वेल्डिंग का एक लाभ है?

ए)। मोटी और पतली सामग्री को वेल्डेड किया जा सकता है

बी)। सभी पदों पर वेल्डिंग की जा सकती है

सी)। जमा दर अधिक है

डी)। येसभी

Q 113. CO2 वेल्डिंग में उपयोग किए जाने वाले तार इलेक्ट्रोड का चयन होगा किस कारक पर निर्भर करता है

ए)। संयुक्त डिजाइन

बी)। वेल्डेड जा रही धातु की संरचना

सी)। इस्तेमाल की जा रही प्रक्रिया

डी)। येसभी

Q 114. TIG वेल्डिंग में "TIG" शब्द का पूर्ण रूप क्या है?

ए)। टंगस्टनअक्रियगैस

बी)। मशाल अक्रिय गैस

सी)। टंगस्टन अक्रिय गैसोलीन

डी)। टंगस्टन आंतरिक गैस

Q 115. चित्र में दिखाई गई वेल्डिंग प्रक्रिया का नाम बताइए।

ए)। छूत

बी)। मिग

सी)। पत्रिका

डी)। एमएमएडब्ल्यू

Q 116. निम्नलिखित में से कौन स्पंदित TIG वेल्डिंग का एक लाभ है

ए)। कम विकृति

बी)। कम गर्मी के साथ बेहतर पैठ

सी)। दोनोंकमविरूपणऔरकमगर्मीकेसाथबेहतरपैठ

डी)। इनमें से कोई नहीं

Q 117. निम्न में से कौन TIG वेल्डिंग में अंडरकट का कारण है?

ए)। अशुद्ध वर्कपीस सतह

बी)। वेल्डिंगकरंटबहुतअधिक

सी)। अपर्याप्त परिरक्षण गैस

डी)। ये सभी

क्यू 118. टंगस्टन इलेक्ट्रोड के लिए एक मानक रंग संकेत है। शुद्ध टंगस्टन को _______ रंग से चिह्नित किया जाता है

ए)। हरा

बी)। काला

सी)। लाल

डी)। नीला

Q 119. TIG वेल्डिंग की सीधी ध्रुवता में, _______% ऊष्मा इलेक्ट्रोड सिरे तक जाती है।

ए)। 30

बी)। 50

सी)। 70

डी)। 100

Q 120. आकृति में दिखाए गए वेल्डिंग जोड़ को पहचानें।

ए)। टीजोड़

बी)। कोने का जोड़

सी)। बट जोड़

डी)। लैप जॉइंट

Q 121. पट्टिका संयुक्त के लिए निम्नलिखित में से कौन सा वेल्ड प्रतीक है

ए)। 30

बी)। 50

सी)। 70

डी)। 100

Q 122. लेजर कटिंग में एज मशीनिंग भत्ता ________ है

ए)। 9.52 मिमी

बी)। 5.08 मिमी

सी)। 1.27 मिमी

डी)। 3.03 मिमी

Q 123. प्लाज्मा कटिंग का निम्न में से कौन सा लाभ है

ए)। सभी धातुओं और अधातुओं को काटा जा सकता है।

बी)। सभी पदों पर कटिंग संभव है।

सी)। काटने की कम लागत

डी)। <u>येसभी</u>

Q 124. निम्नलिखित में से किस सामग्री को वाटर जेट कटिंग से नहीं काटा जा सकता है?

ए)। <u>टेम्पर्डग्लास</u>

बी)। प्लास्टिक

सी)। पथरी

डी)। चमड़ा

क्यू 125. आकृति में दिखाए गए एल्यूमीनियम अनुभाग को पहचानें।

ए)। <u>एल्यूमिनियमचैनल</u>

बी)। एल्यूमिनियम कोण

सी)। एल्युमिनियम आई-बीम

डी)। एल्यूमिनियम टी-बीम

Q 126. 6061, 6082, 5083, 5086, 5052, 6063, 7075, 1100 कोण, चैनल, बीम और जंजीरों के ________ हैं।

ए)। <u>विशेषविवरण</u>

बी)। क्रम संख्याएँ

सी)। यादृच्छिक संख्या

डी)। इनमें से कोई नहीं

Q 127. प्राइमर का प्रयोग किया जाता है

ए)। <u>पेंटिंगसेपहले</u>

बी)। पेंटिंग के बाद

सी)। साथ में पेंट

डी)। पेंट सुखाने के बाद

Q 128. 2D . में चित्र बनाते समय हम किस अक्ष पर कार्य नहीं करते हैं?

ए)। <u>जेड</u>

बी)। एक्स

सी)। यू

डी)। डब्ल्यूसीएस

Q 129. ऑटोकैड _________ द्वारा खोला जा सकता है

ए)। <u>विंडोजडेस्कटॉपमेंऑटोकैडशॉर्टकटआइकनपरबायाँ-क्लिककरें</u>

बी)। कीबोर्ड पर "एकैड" टाइप करना

सी)। स्वचालित रूप से जब कंप्यूटर चालू होता है

डी)। कंप्यूटर के चालू होने पर स्क्रीन पर दिखाई देने वाली सूची में से चयन करना

Q 1. __________ का उपयोग विभिन्न प्रकार के पाइपों जैसे डक्ट वर्क के लिए अनुदैर्ध्य कोने के सीम के रूप में किया जाता है।

ए)। अंडाकार सीवन

बी)। पिट्सबर्गसीम

सी)। डोवेटेल सीम

डी)। फलक नीचे सीवन

Q 2. हैंड ग्रोवर __________ से बना होता है और इसका उपयोग __________ ग्रूव्ड जोड़ बनाने के लिए किया जाता है।

ए)। कच्चा इस्पात, आंतरिक बंद

बी)। कच्चा लोहा, बाहरी बंद

सी)। कास्टस्टील, बाहरीलॉक

डी)। कच्चा लोहा, आंतरिक बंद

Q 3. निम्नलिखित में से कौन झूठी वायरिंग का लाभ नहीं है

ए)। लेख की लागत कम हो जाती है

बी)। लेख का वजन कम हो जाता है

सी)। यह पक्षों को स्थिति में बनाए रखने में मदद करता है

डी)। लेखकावजनबढ़जाताहै

Q 4. एक गोल पाइप का खिंचाव पाइप का __________ होता है।

ए)। क्षेत्र

बी)। परिधि

सी)। व्यास

डी)। RADIUS

Q 6. हस्त लीवर पंच के घटक X की पहचान करें जैसा कि चित्र में दिखाया गया है:

ए)। मरना

बी)। पंच धारक

सी)। गला

डी)। थाह लेना

Q 7. स्नैप हेड रिवेट की लंबाई निर्धारित करने के लिए आमतौर पर शॉप फ्लोर में इस्तेमाल किया जाने वाला फॉर्मूला है - (जहां एल = शैंक की लंबाई, टी = इस्तेमाल की गई प्लेटों की कुल मोटाई और डी = रिवेट व्यास)

ए)। एल = टी + 1.5 डी

बी)। एल = टी + 0.6 डी

सी)। एल = टी + 2.5 डी

डी)। एल = टी + 2 डी

Q 8. नलिकाओं पर क्रॉस सीम को जोड़ने के लिए आमतौर पर किस क्लिप का उपयोग किया जाता है

ए)। सरकारी क्लिप

बी)। ड्राइवक्लिप

सी)। नेलिंग क्लिप

डी)। एस क्लिप एस

प्रश्न 9. आकृति में दिखाए अनुसार स्व-टैपिंग स्क्रू के प्रकार की पहचान करें:

ए)। अलिखो

बी)। टाइप-बी

सी)। टाइप-सी

डी)। प्रकार-डी

Q 10. निम्न में से कौन अर्ध-स्थायी उपचारकर्ता नहीं है

ए)। galvanizing

बी)। टिनिंग

सी)। आवरण

डी)। एनोडाइजिंग

Q 11. ________________ का उपयोग केवल एल्यूमीनियम और इसके मिश्र धातुओं पर एक सजावटी और संक्षारण प्रतिरोधी कोटिंग प्रदान करने के लिए किया जाता है।

ए)। विद्युत

बी)। एनोडाइजिंग

सी)। आवरण

डी)। galvanizing

Q 12. _____________ का उपयोग वृत्तों, चापों को लिखने और दूरियों को बदलने और दूर करने के लिए किया जाता है।

ए)। जाला

बी)। त्रिज्या गेज

सी)। विंगकंपास

डी)। पेंच पिच गेज

Q 13. ________________ का उपयोग किसी जटिल कार्य के आंतरिक भाग को काटने के लिए किया जाता है। _____

ए)। एविएशन शीयर

बी)। बेंच कतरनी

सी)। हॉकबिलशीयर

डी)। डबल कटिंग शीयर

Q 14. निम्नलिखित में से किस धातु के हथौड़े का प्रयोग राइजिंग ऑपरेशन में किया जाता है?

ए)। रिवेटिंग हैमर

बी)। स्ट्रेचिंगहैमर

सी)। क्रीजिंग हैमर

डी)। प्लैनिंग हैमर

प्रश्न 15. चित्र में दिखाए अनुसार स्पैनर के प्रकार की पहचान करें -

ए)। गोल पाना

बी)। समायोज्य औजार

सी)। सॉकेटस्पैनर

डी)। हुक स्पैनर

Q 17. __________ का उपयोग 6 मिमी तक के छोटे व्यास के छेदों की ड्रिलिंग के लिए किया जाता है।

ए)। बेवलगियरप्रकारड्रिलिंगमशीन

बी)। शाफ़्ट ड्रिलिंग मशीन

सी)। स्तन ड्रिलिंग मशीन

डी)। इनमें से कोई नहीं

प्रश्न 18. चित्र में दिखाए अनुसार ड्रिलिंग मशीन की पहचान करें:

ए)। बेवल गियर प्रकार ड्रिलिंग मशीन

बी)। शाफ़्ट ड्रिलिंग मशीन

सी)। स्तनड्रिलिंगमशीन

डी)। वायवीय हाथ ड्रिलिंग मशीन

प्रश्न 21. घटक संख्या को पहचानें। यूनिवर्सल स्विंगिंग मशीन के 6 के रूप में
चित्र में दिखाया गया है

ए)। रोलर्सकेलिएलॉकिंगनट

बी)। रोलर्स का सेट

सी)। गियर के साथ ऊपरी शाफ्ट

डी)। गियर के साथ निचला शाफ्ट

Q 22. ___________ का प्रयोग प्रारंभिक ड्राइंग के बाद बर्तन की गर्दन बनाने के लिए किया जाता है। ______

ए)। कोरडाई

बी)। खंडीय मरना

सी)। बाहर ड्राइंग डाई

डी)। ड्राइंग डाई . के अंदर

प्रश्न 23. चित्र में दिखाए अनुसार प्रेस की पहचान करें:

ए)। सीधे साइड प्रेस

बी)। पिलरप्रेस

सी)। एडजस्टेबल बेड प्रेस

डी)। गैप प्रेस

Q 24. ___________ एक लेख के किनारे को एक रोल में बनाने की क्रिया है। ___

ए)। बनाने

बी)। कर्लिंग

सी)। जल्दी से आगे बढ़नेवाला

डी)। क्यूपिंग

Q 25. निम्नलिखित में से कौन-सी मशीन द्वारा धातु को चमकाने की विधि नहीं है?

ए)। पेडस्टलग्राइंडरसेपॉलिशकरना

बी)। यौगिकों और कपड़े के पहियों से पॉलिश करना

सी)। अपघर्षक ढके हुए पहियों से पॉलिश करना

डी)। लेपित अपघर्षक के साथ चमकाने

Q 26. निम्नलिखित में से कौन सी बफिंग सामग्री एक पाउडर लावा है, जो सफेद रंग का होता है जिसका उपयोग स्क्रबिंग, सफाई और पॉलिश करने के लिए किया जाता है।

ए)। त्रिपोली

बी)। झांवां

सी)। लाल होना

डी)। व्हाइटिंग

Q 27. चित्र में दिखाए अनुसार जिग की पहचान करें -

ए)। ठोस जिगो

बी)। पोस्ट जिगो

सी)। ट्रुनियनजिगो

डी)। बॉक्स जिगो

Q 28. पाइप बेंडिंग मशीनों में, इनर फॉर्मर्स, लीवर, लॉक नट के साथ एडजस्टिंग स्क्रू और पाइप गाइड ________ के भाग होते हैं

ए)। बेंचटाइपहैंडऑपरेटेडपाइपबेंडर

बी)। पोर्टेबल हाथ से संचालित पाइप बेंडर

सी)। हाइड्रोलिक झुकने मशीन

डी)। इनमें से कोई नहीं

Q 30. फास्टनरों को जोड़ने में किस प्रकार की वेल्डिंग का व्यापक रूप से उपयोग किया जाता है

संरचनात्मक सदस्य

ए)। स्पॉट वैल्डिंग

बी)। सीवन वेल्डिंग

सी)। प्रोजेक्शनवेल्डिंग

डी)। फ्लैश बट वेल्डिंग

Q 31. निम्नलिखित में से कौन CO2 वेल्डिंग के लिए प्रयुक्त उपकरण और सहायक उपकरण नहीं है?

ए)। वायर रील

बी)। नाली रैखिक

सी)। बलतंत्र

डी)। वायर फीड ड्राइव मोटर

Q 32. CO2 वेल्डिंग प्रक्रिया का उपयोग वेल्डिंग ___________ के लिए नहीं किया जा सकता है।

ए)। सिलिकॉन

बी)। अल्युमीनियम

सी)। जस्ता

डी)। ताँबा

Q 33. परिरक्षण गैस के रूप में आर्गन का निम्नलिखित में से कौन सा लाभ नहीं है

ए)। कम चाप वोल्टेज

बी)। आसान चाप शुरू

सी)। छोटागर्मीप्रभावितक्षेत्र

डी)। कम गैस की मात्रा

Q 34. वायु प्लाज्मा कटिंग में, __________ इलेक्ट्रोड का उपयोग किया जाता है जहां शुष्क, स्वच्छ संपीड़ित हवा का उपयोग कटिंग गैस के रूप में किया जाता है।

ए)। टंगस्टन

बी)। आर्गन

सी)। हीलियम

डी)। zirconium

क्यू 35. ऑटोकैड 2008 की समन्वय प्रणाली में

ए)। धनात्मक X अंकदाईंओरहैं

बी)। सकारात्मक X अंक बाईं ओर हैं

सी)। सकारात्मक आंकड़े लंबवत ऊपर की दिशा में हैं

डी)। सकारात्मक आंकड़े लंबवत नीचे की दिशा में हैं

Q 36. पानी का उपयोग __________ को बुझाने के लिए किया जाता है।

ए)। क्लास-एफायर

बी)। क्लास-बी की आग

सी)। क्लास-सी की आग

डी)। कक्षा-डी की आग

Q 39. गैल्वनाइजिंग क्या है?

ए)। गर्मसूईसेजस्ताकोटिंगकीप्रक्रिया

बी)। जिंक प्रसार प्रक्रिया

सी)। स्टील पर पतली फॉस्फेट कोटिंग बनाने के लिए इस्तेमाल की जाने वाली प्रक्रिया

डी)। ये सभी

Q 40. छत और पैनलिंग के लिए शीट मेटल जॉइंट में किस सीम का उपयोग किया जाता है?

ए)। डबलग्रोव्डसीम

बी)। गोद सीवन

सी)। डबल सीम

डी)। अंडाकार सीवन

Q 41. सामग्री का एक टुकड़ा जिसे वांछित वस्तु बनाने के लिए सटीक आकार और आकार में काटा जाता है, __________ कहलाता है

ए)। नमूना

बी)। टेम्पलेट्स

सी)। कार्यभार में वृद्धि

डी)। विकास

Q 42. शब्द का अर्थ धातु के सपाट टुकड़े के आकार में बनने से पहले के आकार से है।

ए)। कार्यभारमेंवृद्धि

बी)। फ्री हैंड स्केच

सी)। वास्तविक आकार

डी)। सतह का विकास

Q 43. समांतर रेखा विधि से निम्नलिखित में से कौन सा संभव नहीं है

ए)। पिरामिड

बी)। घनक्षेत्र

सी)। चश्मे

डी)। सिलेंडर

Q 44. निम्नलिखित में से कौन-सी सतह को विभाजित करने की एक विधि है?

ट्रैंगल्स में वस्तु

ए)। <u>त्रिभुजविधि</u>

बी)। ज्यामितीय निर्माण के तरीके

सी)। समानांतर रेखा विधि

डी)। रेडियल लाइन विधि

Q 45. किस प्रकार के घूंसे में खोखला अनुप्रस्थ काट होता है

ए)। <u>खोखलापंच</u>

बी)। ठोस पंच

सी)। नंबर पंच

डी)। पत्र पंच

Q 46. भारी संरचनात्मक कार्य में किस प्रकार की कीलक का प्रयोग किया जाता है?

ए)। <u>पैनहेडकीलक</u>

बी)। स्नैप हेड कीलक

सी)। काउंटर डूब कीलक

डी)। शंक्वाकार सिर कीलक

Q 47. चित्र में दिखाए अनुसार कीलक की पहचान करें

ए)। <u>सिरकेऊपर</u>

बी)। काउंटरसंक हेड

सी)। स्नैप हेड

डी)। मशरूम सिर

Q 48. सरकारी क्लिप को कभी-कभी ____________ भी कहा जाता है

ए)। <u>कृपयापॉकेटक्लिप</u>

बी)। नेलिंग क्लिप

सी)। ड्राइव क्लिप

डी)। एस-क्लिप

Q 49. नलिकाओं पर क्रॉस सीम को जोड़ने के लिए आमतौर पर किस क्लिप का उपयोग किया जाता है

ए)। <u>ड्राइवक्लिप</u>

बी)। एस-क्लिप

सी)। सरकारी क्लिप

डी)। नेलिंग क्लिप

Q 50. निम्न में से कौन-सा सोल्डर कॉपर, टिन, सिल्वर, जिंक, कैडमियम और फॉस्फोरस की मिश्रधातु है?

ए)। <u>हार्डसेलर्स</u>

बी)। सॉफ्ट सेलर्स

सी)। मध्यम सोल्डर

डी)। जिंक सोल्डर

Q 51. आमतौर पर 90 . के पैटर्न को विकसित करने के लिए किस विधि का उपयोग किया जाता है

समान व्यास के पाइपों की कोहनी

ए)। समानांतररेखाविधि

बी)। रेडियल लाइन विधि

सी)। त्रिभुज विधि

डी)। ज्यामितीय निर्माण के तरीके

Q 52. चित्र में दिखाए अनुसार पाइप जोड़ के प्रकार की पहचान करें:

ए)। टीजोड़

बी)। शाखा संयुक्त

सी)। एल कोहनी संयुक्त एल

डी)। वाई संयुक्त वाई

Q 53. पाइप की मोटाई ___________ ट्यूब है।

ए)। सेअधिक

बी)। से कम

सी)। के बराबर

डी)। का आधा व्यास

Q 54. आर्क वेल्डिंग में कौन सी मशीन AC सप्लाई को DC में बदल देती है?

ए)। ट्रांसफार्मर

बी)। उड़ा पाइप

सी)। वेल्डिंगदिष्टकारी

डी)। एम्पलीफायर

Q 55. आमतौर पर ब्रेजिंग में इस्तेमाल किया जाने वाला फ्लक्स ____________ है

ए)। बोरेक्रस

बी)। जिंक क्लोराइड

सी)। अमोनियम क्लोराइड

डी)। कॉपर सल्फेट

क्यू 56. चाप वेल्डिंग में प्रयुक्त लेपित इलेक्ट्रोड। यह लेप ________ के लिए नहीं है

ए)। इलेक्ट्रोडकोगर्मीसेबचाना

बी)। मिश्र धातु तत्व जोड़ना

सी)। चाप को स्थिर करें

डी)। वेल्ड को सुरक्षात्मक वातावरण प्रदान करना

Q 57. आर्क ब्लो ___________ में अधिक सामान्य है।

ए)। डीसीवेल्डिंग

बी)। एसी वेल्डिंग

सी)। नंगे इलेक्ट्रोड के साथ एसी वेल्डिंग

डी)। एसी वेल्डिंग और डीसी वेल्डिंग दोनों

Q 58. नीचे दिए गए चित्र में दिखाई गई मशीन का नाम क्या है?

ए)। पिलर ड्रिल मशीन

बी)। बेंच ड्रिल मशीन

सी)। हाथड्रिलमशीन

डी)। इनमें से कोई नहीं

Q 59. ट्विस्ट ड्रिल का कटिंग लिप एंगल ________ होता है

ए)। 118°

बी)। 110°

सी)। 90°

डी)। 59°

Q 60. नीचे दिए गए चित्र में दिखाई गई मशीन का नाम क्या है?

ए)। हाइड्रोलिकपाइपझुकनेमशीन

बी)। बेंच ड्रिल मशीन

सी)। प्रोजेक्शन वेल्डिंग मशीन

डी)। इनमें से कोई नहीं

Q 61. निम्नलिखित में से कौन सा हाथ काटने का उपकरण बनाने के लिए प्रयोग किया जाता है

बेलनाकार छेद में धागे के अंदर

ए)। नल

बी)। मरना

सी)। पंच

डी)। ये सभी

Q 62. निम्नलिखित में से कौन-सी मशीन द्वारा किसी धातु को चमकाने की विधि नहीं है?

ए)। पेडस्टलग्राइंडरसेपॉलिशकरना

बी)। यौगिकों और कपड़े के पहियों से पॉलिश करना

सी)। अपघर्षक ढके हुए पहियों से पॉलिश करना

डी)। लेपित अपघर्षक के साथ चमकाने

Q 63. आर्क वेल्डिंग में कौन सी मशीन AC सप्लाई को DC सप्लाई में बदल देती है?

ए)। ट्रांसफार्मर

बी)। उड़ा पाइप

सी)। वेल्डिंगदिष्टकारी

डी)। इनमें से कोई नहीं

Q 64. निम्नलिखित में से कौन दीर्घ चाप का प्रभाव है

ए)। कम छींटे

बी)। अधिक संलयन

सी)। अधिकछींटे

डी)। इनमें से कोई नहीं

Q 65. निम्न में से कौन प्रतिरोध वेल्डिंग का एक प्रकार नहीं है

ए)। मिगवेल्डिंग

बी)। स्पॉट वैल्डिंग

सी)। सीवन वेल्डिंग

डी)। प्रोजेक्शन वेल्डिंग

Q 66. निम्नलिखित में से कौन सी वेल्डिंग प्रक्रिया गैर-उपभोज्य इलेक्ट्रोड का उपयोग करती है

ए)। टंग्स्टनगैससेहोनेवालीवेल्डिंग

बी)। मिग वेल्डिंग

सी)। मैनुअल आर्क वेल्डिंग

डी)। सबमर्ज्ड आर्क वेल्डिंग

Q 67. निम्नलिखित में से कौन एक प्रेस टूल है

ए)। खाली उपकरण

बी)। ट्रिमिंग टूल

सी)। ड्राइंग टूल

डी)। येसभी

Q 68. स्निप्स को ________ भी कहा जाता है।

ए)। हाथकतरनी

बी)। लीवर कतरनी

सी)। स्टेक्स

डी)। माल्लेट

प्रश्न 69. वाहन की पेंटिंग के पीछे क्या कारण है?

ए)। शरीर के वाहनों पर जंग को बढ़ने से रोकने के लिए

बी)। इसकी बाहरी उपस्थिति में सुधार करने के लिए

सी)। स्टील की विशेषताओं को लंबे समय तक बनाए रखने के लिए

डी)। <u>येसभी</u>

Q 70. पाउडर कोटिंग एक प्रकार का लेप है जिसे फ्री-फ्लोइंग के रूप में लगाया जाता है, _____

ए)। <u>सूखापाउडर</u>

बी)। लिक्विड पेंट

सी)। नमी

डी)। पानी

Q 71. इरेज़, कॉपी, मिरर, ट्रिम, एक्सटेंड, ब्रेक आदि कमांड किस टूल बार से संबंधित हैं?

ए)। <u>टूलबारसंशोधितकरें</u>

बी)। परत टूलबार

सी)। स्टाइल टूलबार

डी)। टूलबार ड्रा करें

Q 72. दो पंक्तियों के बीच एक गोल कोना बनाने के लिए किस कमांड का प्रयोग किया जाता है

ए)। <u>पट्टिका</u>

बी)। नाला

सी)। फैलाव

डी)। बढ़ाना

क्यू 90] चाप वेल्डिंग द्वारा वेल्ड की जाने वाली सामग्री की मोटाई के रूप में
बढ़ जाती है, वेल्डिंग चालू की आवश्यकता होती है

ए] <u>बढ़ताहै</u>

बी] घटता है

सी] वही रहता है

डी] बढ़ या घट सकता है

Q 91] अलौह धातु की वेल्डिंग के लिए पसंद की जाने वाली धारा का प्रकार है

ए] उच्च आवृत्ति प्रत्यावर्ती धारा

बी] कम आवृत्ति प्रत्यावर्ती धारा

सी] <u>प्रत्यक्षवर्तमान</u>

डी] कोई वरीयता नहीं

Q 92] इलेक्ट्रोड की कोटिंग के लिए प्रयुक्त सामग्री को कहा जाता है

ए] स्लैग

बी] <u>फ्लक्स</u>

सी] स्टिकर

डी] बाइंडर

Q 93] क्या वेल्डिंग करते समय नायलॉन के कपड़े पहनना ठीक है?

ए] नहीं, इससे बहुत अधिक पसीना आता है

B] नहीं, यहआसानीसेआगपकड़सकताहै

सी] यह ठीक है, आप इसे पहन सकते हैं

डी] नहीं, क्योंकि यह स्थैतिक बिजली पैदा कर सकता है और सदमे का कारण बन सकता है

Q 94] एसिटिलीन किसके बीच रासायनिक प्रतिक्रिया द्वारा तैयार किया जा सकता है

ए] पानीऔरकैल्शियमकार्बाइड

बी] पानी और कैल्शियम कार्बोनेट

सी] हाइड्रोजन और कैल्शियम कार्बाइड

डी] हाइड्रोजन और कैल्शियम कार्बोनेट

क्यू 95] आर्क वेल्डिंग इलेक्ट्रोड का आकार कैसे निर्दिष्ट किया जाता है?

ए] इसके वजन से

बी] धातु द्वारा इसे वेल्ड करना आवश्यक है

सी] इसकीवर्तमानवहनक्षमतासे

डी] इसके समग्र व्यास द्वारा

Q 96] ऑक्सी-एसिटिलीन कटिंग द्वारा कौन सी सामग्री को सबसे अच्छा काटा जा सकता है?

ए] पीतल

बी] कच्चा लोहा

सी] हल्केस्टील

डी] एल्यूमिनियम

Q 97] दहन की समर्थक गैस है

ए] ऑक्सीजन

बी] हाइड्रोजन

सी] कार्बन डाइऑक्साइड

डी] एसिटिलीन

Q 98] वेल्ड में गैस के फंसने से दोष होता है

ए] संलयन की कमी

बी] दरारें

सी] सरंध्रता

डी] स्लैग समावेश

क्यू 99] सुरक्षा की दृष्टि से आर्क वेल्डिंग नहीं करना चाहिए

ए] गीलेफर्शपरखड़ेहोनेपर

बी] खराब रोशनी वाले क्षेत्र में

C] जब कोई पास में खड़ा हो

डी] अच्छी तरह हवादार सीमित क्षेत्र में

प्रश्न 100] यदि गैस नियामक पर तेल या ग्रीस का उपयोग किया जाता है तो क्या हो सकता है?

ए] तेल या ग्रीस जल सकता है

बी] नियामक जल सकता है

सी] सिलेंडर फट सकता है

डी] येसभी

Q 101] वेल्डिंग से जुड़ने वाली मूल धातु कहलाती है

ए] नंगे धातु

बी] मनका धातु

सी] बेसमेटल

डी] कच्ची धातु

Q 102] MIG वेल्डिंग के बारे में कौन सा कथन सही नहीं है?

ए] वेल्डिंग की गति अधिक होती है

बी] हटाने के लिए कोई लावा नहीं है

सी] उत्पादित वेल्ड ध्वनि हैं

डी] विद्युतचापऑपरेटरकोदिखाईनहींदेरहाहै

क्यू 103] इलेक्ट्रोड-पॉजिटिव वेल्डिंग में, ...... कुल गर्मी का उत्पादन होता है

इलेक्ट्रोड]

ए] दोतिहाई

बी] एक तिहाई

सी] डेढ़

डी] एक चौथाई

Q 104] एसिटिलीन को घोलने के लिए किस माध्यम का उपयोग किया जाता है?

पानी

बी] एसीटोन

सी] जेली

डी] कैल्शियम हाइड्रॉक्साइड

Q 105] एक सिलेंडर जिसमें एसिटिलीन होता है, चित्रित किया जाता है

एक नीला

बी] काला

सी] <u>लालरंग</u>

डी] ब्राउन

Q 106] एक सर्किट में प्रवाहित होने वाली धारा की मात्रा को इंगित करने के लिए इस्तेमाल किया जाने वाला शब्द है

बुलाया ]]]]]]]]

ए] ओहमो

बी] <u>एम्पीयर</u>

सी] फैराडो

डी] वोल्टे

Q 107] गैस काटने वाली मशाल के सिरे के छिद्र को साफ करने के लिए क्या प्रयोग करना चाहिए?

ए] <u>टिपक्लीनर</u>

बी] स्टील के तार

सी] तांबे के तार

डी] छोटी ड्रिल

क्यू 108] दृश्य परीक्षा द्वारा किस वेल्ड दोष का आसानी से पता लगाया जा सकता है?

ए] साइड वॉल फ्यूजन का अभाव

बी] एक टी पट्टिका संयुक्त में जड़ दोष

सी] स्लैग समावेशन

डी] <u>भागोंकागलतसंरेखण</u>

Q 109] इनमें से किस धातु में सबसे अधिक तापीय चालकता है?

ए] एल्यूमिनियम

बी] <u>कॉपर</u>

सी] जिंक

डी] स्टील

distortion

wd Welding Distortion
Defects

विरूपण

Q 110] वेल्ड की जा रही दो प्लेटों को एक दूसरे की ओर खींचा जाता है और उनके बीच का कोण मूल रूप से निर्धारित कोण से बदलता है] विकृति कारण कहा जाता है

ए] सार्वभौमिक विकृति

बी] अनुदैर्ध्य विकृति

सी] कोणीयविकृति

डी] अनुप्रस्थ विकृति

Q 111] कौन सी परीक्षण विधि ऑपरेटर के लिए खतरनाक हो सकती है?

ए] एक्स-रेटेस्ट

बी] अल्ट्रासोनिक परीक्षण

सी] तरल प्रवेशक परीक्षण

डी] चुंबकीय कण परीक्षण

Q 112] इनमें से कौन एक गैर-विनाशकारी परीक्षण है?

ए] प्रभाव परीक्षण

बी] निक ब्रेक टेस्ट

सी] तन्यता परीक्षण

डी] हाइड्रोलिकदबावपरीक्षण

Q 113] मध्यम कार्बन स्टील का गलनांक होता है

ए] 1510 डिग्री सी

बी] 1426 डिग्रीसी

सी] 1305 डिग्री सेल्सियस

डी] 1082 डिग्री सी

Q 114] अप्रयुक्त इलेक्ट्रोड के अंतिम बिट को कहा जाता है

ए] अपशिष्ट अंत

बी] अंत त्यागें

सी] स्टबएंड

डी] छोटा अंत

Q 115] वेल्डिंग केबल से इलेक्ट्रोड तक करंट प्रवाहित करने के लिए किसका उपयोग किया जाता है?

ए] अर्थ केबल

बी] इलेक्ट्रोडधारक

सी] पृथ्वी क्लैंप

डी] केबल लग

Q 116] वेल्डिंग ट्रांसफॉर्मर का ओपन सर्किट वोल्टेज कितना होता है?

ए] 90 वी

बी] 110 वी

सी] 130 वी

डी] 150 वी

क्यू 117] वेल्डिंग मशीन जो एसी और डीसी दोनों की आपूर्ति कर सकती है]

ए] इंजन संचालित वेल्डिंग जनरेटर

बी] मोटर चालित वेल्डिंग जनरेटर

सी] वेल्डिंग ट्रांसफार्मर

डी] वेल्डिंगदिष्टकारी

Q 118] 6 मिमी मोटी माइल्ड स्टील प्लेट की गैस कटिंग के लिए क्या होना चाहिए नोजल का आकार?

ए] 0]4 मिमी

बी] 0]6 मिमी

सी] 0] 8 मिमी

डी] 1]0 मिमी

Q 119] गैस नियामक का कार्य है...

ए] गैसों को आवश्यक अनुपात में मिलाने के लिए

बी] काम के दबाव को सेट करने के लिए

C] विभिन्न प्रकार की लपटों को प्राप्त करने के लिए

D] ब्लोपाइप से बहने वाली गैस के आयतन को बदलने के लिए

Q 120] 12 मिमी मोटी वेल्डिंग के लिए किस किनारे की तैयारी का उपयोग किया जाना चाहिए

एमएस प्लेट?

ए] <u>सिंगल</u>

बी] डबल

सी] सिंगल

डी] नो बेवेलिंग

क्यू 121] इसमें वेल्ड करना सबसे आसान है ....

ए] क्षैतिज स्थिति

बी] लंबवत स्थिति

सी] ओवरहेड स्थिति

डी] <u>डाउनहैंडस्थिति</u>

Q 122] कौन सी ईंधन गैस ज्वाला का अधिकतम तापमान देती है?

ए] <u>एसिटिलीन</u>

बी] कोयला गैस

सी] हाइड्रोजन

डी] तरल पेट्रोलियम गैस

Q 123] आर्क वेल्डिंग के दौरान छींटे ............ के कारण होते हैं।

ए] <u>उच्चवेल्डिंगचालू</u>

बी] नम इलेक्ट्रोड का उपयोग

सी] लघु चाप का प्रयोग

डी] चाप झटका

Q 124] TIG वेल्डिंग में जलापूर्ति का उद्देश्य क्या है?

ए] नौकरी को ठंडा करें

बी] मशाल धो लो

सी] विरूपण से बचें

डी] <u>मशालकोठंडाकरें</u>

क्यू 125] काम की सतह से वेल्ड मनका के शीर्ष तक की दूरी है

बुलाया ..........

ए] मनका चौड़ाई

बी] <u>सुदृढीकरण</u>

सी] प्रवेश
डी] फ्यूजन जोन
क्यू 126] यदि वेल्ड किसी अन्य वेल्ड या बेस मेटल के साथ संयोजित नहीं होता है, इसे ......... के रूप में जाना जाता है
ए] अधूरासंलयन
बी] अधूरा बंधन
सी] अधूरा प्रवेश
डी] अधूरा समावेश
Q 127] सीसा, जस्ता और कैडमियम के वाष्प .........
ए] अनदेखा किया जा सकता है
बी] अत्यधिक ज्वलनशील हैं
सी] खतरनाकहैं
डी] स्लैग समावेशन का कारण हो सकता है
क्यू 128] आम तौर पर एसिटिलीन को एक सिलेंडर से एक दर पर छोड़ा जाना चाहिए जो इसे कम से कम ........... में खाली कर देगा
ए] 2 घंटे
बी] 5 घंटे
सी] 8 घंटे
डी] 10 घंटे
Q 129] जिस प्रकार के इलेक्ट्रोड नमी को आसानी से ग्रहण कर लेते हैं, वह है
ए] अम्लीय लेपित इलेक्ट्रोड
बी] मूललेपितइलेक्ट्रोड
सी] रूटाइल लेपित इलेक्ट्रोड
डी] टाइटेनियम लेपित इलेक्ट्रोड
Q 1] चित्र में दिखाए गए वेल्डिंग जोड़ को पहचानें]
ए] टी जॉइंट
बी] कॉर्नर संयुक्त
सी] बट संयुक्त
डी] गोदसंयुक्त
Q 2] ऑक्सी-एसिटिलीन ज्वाला के दहन से लगभग ________ डिग्री उत्पन्न होती है सेंटीग्रेड तापमान]
ए] 2400 से 2700
बी] 1800 से 2200
सी] 3100 से 3300

डी] 1825 से 1875

Q 3] एसिटिलीन गैस कार्बन से बनी होती है और ___________

ए] आर्गन

बी] नाइट्रोजन

सी] ऑक्सीजन

डी] हाइड्रोजन

Q 4] एसिटिलीन गैस सिलेंडर का रंग _____ होता है

एक हरा रंग

बी] काला

सी] मैरून

डी] नीला

Q 5] किस गैस सिलेंडर को DA गैस सिलेंडर भी कहा जाता है?

ए] एसिटिलीनगैससिलेंडर

बी] ऑक्सीजन गैस सिलेंडर

सी] आर्गन गैस सिलेंडर

डी] इनमें से कोई नहीं

Q 6] तरल एसीटोन का 1 आयतन एसिटिलीन के _______ आयतन को भंग कर सकता है

सामान्य वायुमंडलीय दबाव और तापमान में गैस]

ए] 10

बी] 20

सी] 25

डी] 30

Q 7] निम्नलिखित में से कौन सा एक प्रकार का गैस नियामक है जिसका उपयोग ऑक्सीसेटिलीन में किया जाता है

गैस वेल्डिंग?

ए] सिंगल स्टेज रेगुलेटर

बी] डबल स्टेज रेगुलेटर

सी] सिंगलऔरडबलस्टेजरेगुलेटरदोनों

डी] इनमें से कोई नहीं

Q 8] चित्र में दिखाए गए उपकरणों की पहचान करें]

ए] गैसनियामक

बी] वेल्डिंग ब्लोपाइप

सी] टिप क्लीनर

डी] स्पार्क लाइटर

क्यू 9] ऑक्सी एसिटिलीन गैस काटने वाली मशाल में, काटने की नोक का कोण शरीर के साथ ___ डिग्री है]

ए] 45

बी] 60

सी] 90

डी] 120

क्यू 10] ऑक्सी एसिटिलीन गैस वेल्डिंग ब्लोपाइप में, वेल्डिंग का कोण गर्दन के साथ नोक ___ डिग्री है]

ए] 45

बी] 60

सी] 90

डी] 120

Q 11] वेल्डिंग ब्लोपाइप में कितने कंट्रोल वॉल्व होते हैं, जिन्हें नियंत्रित करने के लिए ज्योति?

ए] 1

बी] 2

सी] 3

डी] 4

Q 12] लेफ्टवर्ड वेल्डिंग तकनीक को _______ भी कहा जाता है।

ए] फॉरवर्डतकनीक

बी] पिछड़ी तकनीक

सी] बैकहैंड तकनीक

डी] आंतरिक तकनीक

Q 13] गैस वेल्डिंग में फ्लक्स का एक कार्य _________ है]

ए] धातुऑक्साइडविलयकरनेकेलिए

B] धातु के गलनांक को कम करने के लिए

सी] लौ का तापमान बढ़ाने के लिए

डी] नली के पाइप को साफ करने के लिए

प्रश्न 14] टांकने में प्रयुक्त फिलर धातु का द्रव तापमान अधिक होता है से _________ डिग्री सेंटीग्रेड]

ए] 150

बी] 450

सी] 723

डी] 100

क्यू 15] ऑक्सी-एसिटिलीन काटने की प्रक्रिया में प्रयुक्त नोजल काटने का आकार मुख्य रूप से ______ पर निर्भर करता है

A] कटीजानेवालीधातुकीमोटाई

बी] ऑक्सीजन की शुद्धता

सी] कटौती की अवधि

डी] ब्लोपाइप काटने का प्रकार

Q 16] निम्नलिखित में से कौन सा गैस वेल्डिंग दोष है?

एक दरार

बी] सरंध्रता

सी] संलयन की कमी

डी] येसभी

Q 17] ऑक्सी-एसिटिलीन में लौ को प्रज्वलित करने के लिए निम्नलिखित में से किसका उपयोग किया जाता है?

गैस काटना?

ए] इलेक्ट्रोड धारक

बी] इलेक्ट्रोड

सी] स्पार्कलाइटर

डी] टिप क्लीनर

Q 18] विद्युत धारा की इकाई क्या है?

बी] एम्पीयर

सी] ओहमो

डी] मीटर

Q 19] वह दबाव जिससे विद्युत धारा प्रवाहित होती है, कहलाती है ________]

ए] विद्युत प्रवाह

बी] विद्युत प्रतिरोध

सी] चालकता

डी] वोल्टेज

Q 20] आर्क वेल्डिंग में कौन सी मशीन AC सप्लाई को DC में बदल देती है?

ए] ट्रांसफार्मर

बी] उड़ा पाइप

सी] वेल्डिंगदिष्टकारी

डी] इनमें से कोई नहीं

Q 21] निम्नलिखित में से कौन सी एसी वेल्डिंग मशीन है?

ए] डीसी मोटर जनरेटर

बी] एसीवेल्डिंगट्रांसफार्मर

सी] रेक्टिफायर सेट

डी] इनमें से कोई नहीं

Q 22] निम्नलिखित में से कौन सी वेल्डिंग पोजीशन है?

फ्लैट

बी] 2F

सी] 3जी

डी] येसभी

Q 24] निम्नलिखित में से कौन लंबे चाप का प्रभाव है?

ए] कम छींटे

बी] अधिक संलयन

सी] अधिकछींटे

डी] इनमें से कोई नहीं

Q 25] वेल्ड केंद्र से लंबाई में गुजरने वाली एक काल्पनिक रेखा है जाना जाता है__________]

ए] वेल्ड रोटेशन

बी] वेल्ड मनका

सी] वेल्ड ढलान

डी] वेल्डकीधुरी

Q 26] सीधी ध्रुवता को _______ भी कहा जाता है]

ए] डीसीईपी

बी] डीसीईएन

सी] एमएमएडब्ल्यू

डी] जीएमएडब्ल्यू

क्यू 27] जब चुंबकीय के कारण चाप अपने नियमित पथ से विचलित हो जाता है गड़बड़ी इसे _______ कहा जाता है]

ए] चापझटका

बी] ओवरलैप

सी] अंडरकट

डी] चाप जाल

Q 28] ब्लोपाइप नोजल के टिप छिद्र को _____ से साफ किया जाना चाहिए]

ए] मुलायम तांबे के तार

बी] स्टील के तार

सी] एक छोटी सी ड्रिल

डी] <u>टिपक्लीनर</u>

Q 29] निम्नलिखित में से किस सुरक्षा उपकरण का उपयोग की सुरक्षा के लिए किया जाता है?

पीसते समय आंखें?

ए] हैंड स्क्रीन

बी] हेलमेट

सी] <u>चॉपिंगगॉगल्स</u>

डी] चिपिंग स्क्रीन

Q 30] प्रकाश लेपित इलेक्ट्रोड के लिए फ्लक्स कोटिंग कारक का मान __________ है

ए] <u>1]25 से 1]3</u>

बी] 1]4 से 1]5

सी] 1]8 से 2]2

डी] 2 से अधिक] 2

Q 31] निम्नलिखित में से कौन वेल्डिंग में अंडरकट का कारण है?

ए] <u>वर्तमानबहुतअधिक</u>

बी] वर्तमान बहुत कम

सी] लंबे चाप का प्रयोग

डी] इनमें से कोई नहीं

क्यू 32] अमेरिकी इलेक्ट्रोड कोडिंग E7018 . में संख्या 7018 का तीसरा अंक दर्शाता है _____________]

ए] संयुक्त की तन्यता ताकत

बी] <u>वेल्डिंगकीस्थिति</u>

सी] फ्लक्स कोटिंग का प्रकार

डी] वेल्डिंग चालू और वोल्टेज की स्थिति

Q 33] गैस मेटल आर्क वेल्डिंग में किस प्रकार के शक्ति स्रोत का उपयोग किया जाता है?

ए] <u>लगातारवोल्टेज</u>

बी] लगातार चालू

सी] लगातार प्रतिरोध

डी] इनमें से कोई नहीं

Q 34] MIG वेल्डिंग में निम्न में से कौन सा मेटल ट्रांसफर मोड भी है डिप ट्रांसफर कहा जाता है?

ए] स्प्रे ट्रांसफर

बी] शॉर्टसर्किटट्रांसफर

सी] गोलाकार स्थानांतरण

डी] इनमें से कोई नहीं

Q 35] निम्नलिखित में से कौन GMA वेल्डिंग के वायर फीडर का एक भाग है?

ए] ड्राइव मोटर

बी] ड्राइव रोलर

सी] वायर स्पूल धारक

डी] येसभी

Q 36] GMAW वायर इलेक्ट्रोड E 70S-2 . के अमेरिकी कोडिंग में अंतिम अंक दर्शाता है ______]

ए] संयुक्त की तन्यता ताकत

बी] तारकीरासायनिकसंरचना

सी] फ्लक्स कोटिंग का प्रकार

डी] वेल्डिंग चालू और वोल्टेज की स्थिति

क्यू 37] एफसीएडब्ल्यू में, बयान दक्षता आम तौर पर होती है के बीच_________]

ए] 20% से 30%

बी] 30% से 45%

सी] 60% से 66%

डी] 80% से 86%

Q 38] निम्नलिखित में से किस गैस का उपयोग GMAW में परिरक्षण के उद्देश्य से किया जाता है आर्गन के अलावा?

ए] कार्बनडाइऑक्साइड

बी] नाइट्रोजन

सी] ऑक्सीजन

डी] हाइड्रोजन

Q 39] TIG वेल्डिंग में किस प्रकार के शक्ति स्रोत का उपयोग किया जाता है?

ए] लगातार वोल्टेज

बी] लगातारचालू

सी] लगातार प्रतिरोध

डी] इनमें से कोई नहीं

Q 40] TIG वेल्डिंग टार्च के किस भाग में इलेक्ट्रोड होता है?

ए] नोजल

बी] कोलेट

सी] बैक कैप

डी] लीड

Q 41] गैस टंगस्टन आर्क वेल्डिंग में प्रयुक्त टार्च का गैस नोजल किसका बना होता है? ______]

ए] प्लास्टिक

बी] तांबा

सी] कांच

डी] सिरेमिक

क्यू 42] चित्र में दिखाए गए उपकरणों की पहचान करें]

ए] गैस नियामक

बी] प्रवाहमापी

सी] कोलेट

डी] मशाल

Q 43] शुद्ध टंगस्टन का गलनांक लगभग ______ डिग्री होता है सेंटीग्रेड]

ए] 2050

बी] 2550

सी] 2830

डी] 3380

Q 44] निम्नलिखित में से कौन सा कथन सत्य है?

A] आर्गन एक रंगहीन गैस है

B] आर्गन हीलियम से भारी है

C] हीलियम एक रंगहीन गैस है

डी] येसभी

Q 45] TIG वेल्डिंग में प्रयुक्त अक्रिय गैस का उद्देश्य क्या है?

ए] पिघलीहुईधातुकोवायुमंडलीयप्रदूषणसेबचानेकेलिए

बी] वेल्ड धातु में दूषित करने के लिए

C] आर्क को स्थिर करने के लिए

D] अधिक छींटे पाने के लिए

Q 46] जलमग्न चाप के बारे में निम्नलिखित में से कौन सा कथन सत्य नहीं है? वेल्डिंग?

ए] इस वेल्डिंग में कोई छींटे नहीं होते हैं]

बी] वेल्डिंग फ्लैट स्थिति में किया जा सकता है]

सी] वेल्डिंगओवरहेडस्थितिमेंकियाजासकताहै]

डी] इनमें से कोई नहीं

Q 47] स्पॉट वेल्डिंग में प्रयुक्त इलेक्ट्रोड किस धातु का बना होता है?

ए] कॉपर

बी] पीतल

सी] कार्बन

डी] एल्यूमिनियम

Q 48] निम्नलिखित में से किसे फ्लैश बट से आसानी से वेल्ड किया जा सकता है?

वेल्डिंग की प्रक्रिया?

ए] कच्चा लोहा

बी] लीड

सी] पीतल

डी] हल्केस्टील

Q 49] प्रोजेक्शन वेल्डिंग और सीम वेल्डिंग _________ के प्रकार हैं

वेल्डिंग]

ए] गैस धातु चाप वेल्डिंग

बी] टीआईजी वेल्डिंग

सी] प्रतिरोधवेल्डिंग

डी] घर्षण वेल्डिंग

Q 50] स्लैग और ऑक्साइड को हटाने के लिए निम्न में से किसका उपयोग किया जाना चाहिए?

कच्चा लोहा वेल्डिंग के बाद?

ए] टिप क्लीनर

बी] बॉल पीन हैमर

सी] वायरब्रश

डी] इनमें से कोई नहीं

Q 51] वेल्ड क्षय को रोकने के लिए किस प्रकार की फिलर रॉड का चयन किया जाना चाहिए

स्टेनलेस स्टील वेल्डिंग?

ए] कोलंबियमबेस

बी] कॉपर लेपित हल्के स्टील

सी] सुपर सिलिकॉन

डी] इनमें से कोई नहीं

क्यू 52] वर्कपीस के प्रीहीटिंग तापमान की जाँच किसके द्वारा की जा सकती है __________]

ए] उंगली से छूना

बी] पाइरोमीटर

C] <u>क्रेयॉनकासंकेतदेनेवालातापमान</u>

डी] थर्मोकपल

Q 53] किस प्रकार की ऑक्सी-एसिटिलीन गैस की लौ का उपयोग गैस वेल्डिंग के लिए किया जाता है

शुद्ध एल्यूमीनियम?

ए] <u>तटस्थ</u>

बी] कार्बराइजिंग

सी] ऑक्सीकरण

डी] इनमें से कोई नहीं

Q 54] निम्नलिखित में से कौन एल्युमिनियम का गुण नहीं है?

ए] अच्छी तापीय चालकता

बी] अच्छी विद्युत चालकता

सी] हल्के वजन

डी] <u>खराबविद्युतचालकता</u>

Q 55] निम्नलिखित में से कौन सा शब्द वेल्डिंग से संबंधित है?

ए] डब्ल्यूपीएस

बी] एडब्ल्यूएस

सी] डब्ल्यूपीक्यू

डी] <u>येसभी</u>

Q 56] इज़ोड और चरपी मशीनें __________ परीक्षण से संबंधित हैं]

ए] <u>प्रभाव</u>

बी] लचीलापन

सी] कठोरता

डी] रेंगना

Q 57] रॉकवेल की सहायता से किस गुणवत्ता की सामग्री का परीक्षण किया जा सकता है?

और ब्रिनेल परीक्षण?

ए] <u>कठोरता</u>

बी] लचीलापन

सी] लोच

डी] लचीलापन

Q 58] डाई पेनेट्रेंट टेस्ट में पेनेट्रेंट ________क्रिया द्वारा दरारों में गुजरता है।

ए] केशिका

बी] घर्षण

सी] विकिरण

डी] चालन

Q 59] निम्न में से किस परीक्षण में उच्च आवृत्ति की ध्वनि तरंगें होती हैं उपयोग किया गया?

ए] दबाव परीक्षण

बी] प्रभाव परीक्षण

सी] रेडियोग्राफी परीक्षण

डी] अल्ट्रासोनिकपरीक्षण

Q 60] गामा किरणें __________ द्वारा निर्मित होती हैं]

ए] इरिडियम

बी] कोबाल्ट 60

सी] टाइटेनियम

डी] टंगस्टन

Q 61] MIG वेल्डिंग टार्च की कॉन्टैक्ट टिप बनाने के लिए किस धातु के मिश्र धातु का उपयोग किया जाता है?

\ मिग

ए] कॉपर

बी] एल्यूमिनियम

सी] हल्के स्टील

डी] जिंक

Q 62] TIG वेल्डिंग में किस परिरक्षण गैस का उपयोग किया जाता है?

ए] हाइड्रोजन

बी] नाइट्रोजन

सी] आर्गन

डी] ओजोन

Q 63] इनमें से कौन प्रतिरोध वेल्डिंग प्रक्रिया नहीं है?

ए] प्रोजेक्शन वेल्डिंग

बी] सीवन वेल्डिंग

सी] फ्लैश बट वेल्डिंग

डी] कार्बनआर्कवेल्डिंग

क्यू 64] एक एकल वी किनारे की तैयारी का उपयोग तब किया जाता है जब प्लेट ......... मोटी

वेल्ड किया जाना है]

ए] 1 से 5 मिमी

बी] 5 से 15 मिमी

सी] 15 से 25 मिमी

डी] 25 मिमी . से अधिक

Q 65] वेल्डिंग प्रक्रिया जिसके लिए दानेदार रूप में फ्लक्स की आवश्यकता होती है .........

ए] गैस वेल्डिंग

बी] जलमग्नचापवेल्डिंग

सी] मैनुअल मेटल आर्क वेल्डिंग

डी] थर्मिट वेल्डिंग

Q 66] एल्युमिनियम की वेल्डिंग के लिए प्रयुक्त ऑक्सी-एसिटिलीन ज्वाला है

ए] ऑक्सीकरण लौ

बी] तटस्थ लौ

सी] अतिरिक्त ऑक्सीजन की थोड़ी धुंध के साथ तटस्थ लौ

डी] अतिरिक्तएसिटिलीनकीथोड़ीधुंधकेसाथतटस्थलौ

Q 67] वेल्ड करने के लिए पुर्जों को अलाइनमेंट में रखने के लिए इस्तेमाल की जाने वाली डिवाइस कहलाती है

ए] वेल्डिंगजिगो

बी] वेल्डिंग स्थिरता

सी] वेल्डिंग पोजिशनर

डी] वेल्डिंग जोड़तोड़

Q 68] गैर-उपभोज्य इलेक्ट्रोड का उपयोग करने वाली प्रक्रिया ...........

ए] टीआईजी

बी] मिग

सी] मैग

डी] देखा

Q 69] यदि गैस काटने के दौरान ब्लोपाइप को स्थानांतरित कर दिया जाए तो क्या होगा और

बार-बार?

ए] केर्फ संकरा होगा

बी] केर्फचौड़ाहोगा

सी] केर्फ पर कोई प्रभाव नहीं पड़ेगा

D] केर्फ सही आकार का होगा

Q 70] कच्चा लोहा सबसे अच्छा वेल्ड किया जा सकता है ...........

ए] एमआईजी वेल्डिंग

बी] टीआईजी वेल्डिंग

सी] आर्क वेल्डिंग

डी] गैसवेल्डिंग

Q 71] फ्लैट बार के दो टुकड़े होने पर किस प्रकार का वेल्ड प्राप्त होता है?

टी के रूप में शामिल हो गए?

ए] बट

बी] पट्टिका

ताली

डी] एज

Q 72] आंतरिक जांच के लिए किस प्रकार का गैर-विनाशकारी परीक्षण उपयुक्त है?

उच्च दाब बॉयलर वेल्डिंग में दोष?

ए] रेडियोग्राफिकपरीक्षण

बी] दृश्य परीक्षण

सी] चुंबकीय कण परीक्षण

डी] डाई प्रवेशक परीक्षण

औद्योगिक प्रशिक्षण संस्थान

मासिक टेस्ट-1, अंक- 20, दिनांक:- ____________________

(प्रत्येक प्रश्न दो अंक का होता है)

16] एसएस प्रणाली का लाभ है ------

ए] उत्पादकता में वृद्धि

बी] गुणवत्ता में वृद्धि

सी] समय की बर्बादी में कमी

डी] ये सभी

17] सुरक्षा है -----------

ए] किसी का व्यवसाय नहीं

बी] हर बॉडी बिजनेस

सी] कुछ निकायों का व्यवसाय

डी] संगठन व्यवसाय

18] सुरक्षा चिन्हों की बुनियादी श्रेणियों के लिए "निषेध" चिन्ह का अर्थ उपलब्ध है ----

ए] दिखाता है कि यह नहीं किया जाना चाहिए

बी] दिखाता है कि क्या किया जाना चाहिए

सी] खतरे या खतरे की चेतावनी देता है

डी] सुरक्षा प्रावधान की जानकारी देता है

18] एक माइक्रोमीटर (U) बराबर होता है...

ए] 0.1 मिमी

बी] 0.01 मिमी

सी] 0.001 मिमी

डी] 0.0001 मिमी

19] एक स्लॉट की चौड़ाई मापने के लिए कैलीपर है...

ए] अजीब पैर कैलिपर

बी] बाहरी कैलिपर

सी] जेनी कैलिपर

डी] कैलिपर के अंदर

20] डिवाइडर का आकार ----------- द्वारा निर्दिष्ट किया जाता है

ए] पैरों की कुल लंबाई

बी] पूरी तरह से खुलने पर बिंदुओं के बीच की दूरी

सी] बिना बिंदुओं के पैरों की लंबाई

डी] धुरी और बिंदु के बीच की दूरी

21] डेटम किनारे के समानांतर समानांतर रेखाओं को चिह्नित करने के लिए इस्तेमाल किया जाने वाला उपकरण है -

ए] जेनी कैलिपर

बी] डिवाइडर

सी] बाहरी कैलिपर

डी] कैलिपर के अंदर

22] निम्नलिखित में से कौन सा एक अप्रत्यक्ष माप उपकरण है?

ए] बाहरी कैलिपर

बी] वर्नियर कैलिपर

सी] स्टील नियम

डी] बाहरी माइक्रोमीटर

23] पतली टयूबिंग काटने के लिए, हैक्सॉ ब्लेड की सबसे उपयुक्त पिच है...

ए] 1.8 मिमी

बी] 1.4 मिमी

सी] 1 मिमी

डी] 0.8 मिमी

24] ठोस पीतल काटने के लिए, हैक्सॉ ब्लेड की सबसे उपयुक्त पिच है...
ए] 1.8 मिमी
बी] 1.4 मिमी
सी] 1 मिमी
डी] 0.8 मिमी

औद्योगिक प्रशिक्षण संस्थान

मासिक टेस्ट -2, अंक- 20, तिथि:- _______________

(प्रत्येक प्रश्न दो अंक का होता है)

31] स्क्राइबर किससे बने होते हैं...
ए] माइल्ड स्टील
बी] उच्च कार्बन स्टील
सी] पीतल
डी] कच्चा लोहा
32] हथौड़े के हैंडल को ठीक करने के लिए इस्तेमाल किया जाने वाला हिस्सा है...
एक चेहरा
बी] पीन
सी] गाल
डी] आँख का छेद
33] अंकन के उद्देश्य के लिए हथौड़े का वजन है...
ए] 250g
बी] 500g
सी] 1 किलो
डी] 2 किग्रा
हथौड़ा
34] डिवाइडर का आकार किसके द्वारा निर्दिष्ट किया जाता है...
ए] पैरों की कुल लंबाई
बी] पूरी तरह से खुलने पर बिंदुओं के बीच की दूरी
सी] बिंदुओं के बिना पैरों की लंबाई
डी] धुरी और बिंदु के बीच की दूरी
35] 'वी' ब्लॉक के खांचे का सम्मिलित कोण हमेशा होता है....
ए] 45◦
बी] 60◦
सी] 90◦
डी] 120◦

36] 'वी' ब्लॉक ग्रेड में उपलब्ध हैं ...

ए] ए और बी

बी] ए, बी और सी

सी] 1,2 और 3

डी] 1 और 2

37] ग्रेड 'बी' के 'वी' ब्लॉक के बने होते हैं

ए] कच्चा लोहा

बी] हल्के स्टील

सी] स्टील

डी] कास्ट स्टील

38] केंद्र का पता लगाने के लिए इस्तेमाल किए जाने वाले पंच का नाम बताइए।

A] प्रिक पंच 30°

B] प्रिक पंच 60°

सी] केंद्र पंच

डी] डॉट पंच

केंद्र पंच

39] सेंटर पंच का पॉइंट एंगल -------- होता है

ए] 30 डिग्री

बी] 50 डिग्री

सी] 900

डी] 1200

40] पंचों का उपयोग किसी भी आकार के ---------- बनाने के लिए किया जाता है

ए] छेद

बी] खनन

सी] नूरलिंग

सपना देखना

औद्योगिक प्रशिक्षण संस्थान

मासिक टेस्ट-3, अंक- 20, दिनांक:- ____________________

(प्रत्येक प्रश्न दो अंक का होता है)

50] अत्याधुनिक को थोड़ा उत्तलता दी जाती है...

ए] घुमावदार सतहों को काटें

बी] तेज कोनों को काटें

सी] सिरों की खुदाई रोकें

डी] स्नेहक को प्रवेश करने दें

51] सरफेस प्लेट्स किसकी बनी होती हैं...
ए] उच्च ग्रेड कास्ट स्टील
बी] महीन दाने वाला कच्चा लोहा
सी] मिश्र धातु स्टील्स
डी] गढ़ा लोहा
52] सतह की प्लेटें उनकी लंबाई और चौड़ाई से निर्दिष्ट होती हैं और में होती हैं
ए] डेसीमीटर
बी] घन मीटर
सी] बेलनाकार
53] एंगल प्लेट के बिना मशीनी हिस्से पर पसलियों को दिया जाता है...
ए] आसान हैंडलिंग
बी] निर्माण में सुविधा
सी] मशीनों पर सेट करते समय क्लैंपिंग
डी] कठोरता और विरूपण को रोकने के लिए
54] एंगल प्लेट पर स्लॉट किसके लिए दिए गए हैं...
ए] वजन कम करना
बी] काम को संरेखित करना
सी] हुक का उपयोग करके उठाना
डी] समायोजित बोल्ट।
55] कोण प्लेटों का आकार किसके द्वारा बताया गया है...
भार
बी] लंबाई
सी] लंबाई x चौड़ाई
डी] आकार संख्या
56] हाई स्पीड पार्टिंग ऑफ के लिए सीमेंटेड कार्बाइड जैसी सामग्री पर काम है'
ए] सभी मशीन करो
बी] मशीन काटना
सी] हेवी ड्यूटी पावर देखा
डी] खनन मशीन बैठे देखा
57] गन मेटल तांबे की मिश्र धातु है, ------------
ए] टिन और जस्ता
बी] सीसा और जस्ता
सी] जिंक और निकल
डी] सीसा और निकल

58] ढलवां लोहे का उपयोग मशीन बेड के निर्माण के लिए किया जाता है क्योंकि -------

ए] यह अधिक संपीड़न तनाव का विरोध कर सकता है

बी] यह वजन में भारी है

C] यह सस्ती धातु है

D] यह एक भंगुर धातु है

59] माइक्रोमेट्रिक के बाहर एक मीट्रिक की शुद्धता या न्यूनतम गणना --------- होती है

ए] 0-1 मिमी

बी] 0.01 मिमी

सी] 0.001 मिमी

डी] 0.02 मिमी

औद्योगिक प्रशिक्षण संस्थान

मासिक टेस्ट -4, अंक- 20, दिनांकः- ______________

(प्रत्येक प्रश्न दो अंक का होता है)

70] वर्नियर बेवल प्रोट्रैक्टर की न्यूनतम संख्या है...

ए] 1”

बी] 5‘

सी] 1◦

डी] 5

71] वर्नियर बेवल प्रोट्रैक्टर का वह भाग जो आमतौर पर
कोणों को मापने के लिए संदर्भ आधार के रूप में उपयोग किया जाता है, वह है...

एक ब्लेड

बी] स्टॉक

सी] डिस्क

सी] मुख्य पैमाने

72] वर्नियर बेवल रक्षक का वह भाग जिस पर मुख्य पैमाने पर विभाजन अंकित होते हैं, वह है...

स्टॉक

बी] डायल

सी] डिस्क

डी] समायोज्य ब्लेड

73] बेवल प्रोट्रैक्टर का वह भाग जो झुकी हुई सतह के संपर्क में आता है जबकि
माप है...

एक ब्लेड

बी] स्टॉक
सी] डिस्क
डी] डायल
74] वर्नियर बेवल प्रोट्रैक्टर के मुख्य पैमाने के प्रत्येक भाग का मान है...
ए] 5'
बी] 1◦
सी] 5◦
डी]10◦
75] बेवल प्रोट्रैक्टर के वर्नियर स्केल के प्रत्येक भाग का मान होता है...
ए] 1◦
बी] 1◦5'
सी] 1◦55'
डी] 5'
76] टेंपर शैंक ड्रिल मशीन पर किसके माध्यम से आयोजित की जाती है...
ए] चक्स
बी] आस्तीन
सी] बहाव
डी] वाइस
77] ड्रिल चक को ड्रिलिंग मशीन स्पिंडल पर किस माध्यम से फिट किया जाता है...
ए] घुमावदार अंगूठी
बी] आर्बोर
सी] बहाव
डी] पिनियन और कुंजी
78] अभ्यास पर प्रदान किया गया मोर्स टेपर के बीच...
ए] एमटी 1 से एमटी 5
बी] मीट्रिक टन 1 से मीट्रिक टन 4
सी] एमटी 0 से एमटी 5
डी] एमटी 0 से एमटी 4
79] एक बहाव के लिए प्रयोग किया जाता है ...
ए] एक ड्रिल स्थान बनाना
बी] मशीन स्पिंडल पर चक फिक्सिंग
C] टूटी हुई ड्रिल को काम से हटाना
डी] मशीन स्पिंडल से ड्रिल को हटाना

मासिक टेस्ट -5, अंक- 20, तिथि:- _______________

(प्रत्येक प्रश्न दो अंक का होता है)

90] निम्नलिखित में से किस ड्रिलिंग मशीन का उपयोग भारी काम के लिए किया जाता है?

ए] बेंच ड्रिलिंग मशीन

बी] स्तंभ ड्रिलिंग मशीन

सी] रेडियल ड्रिलिंग मशीन

डी] इलेक्ट्रिक हैंड ड्रिलिंग मशीन

91] ड्रिल चक को मशीन स्पिंडल पर किस माध्यम से रखा जाता है?

ए] आर्बर

बी] बहाव

सी] ड्रा-इन बार

डी] चक अखरोट

92] एक संवेदनशील बेंच ड्रिलिंग मशीन में विभिन्न गतियां प्राप्त की जाती हैं ----

ए] बेल्ट चरखी तंत्र

बी] हाइड्रोलिक तंत्र

सी] रैक और पिनियन तंत्र

डी] कैम और अनुयायी तंत्र

103] गन मेटल तांबे की मिश्रधातु है, ------------

ए] टिन और जस्ता

बी] सीसा और जस्ता

सी] जिंक और निकल

डी] सीसा और निकल

104] गटर बनाने के लिए, रूफ फ्लैशिंग, हुड आदि के लिए।

ए] जस्ती लोहा

बी] स्टेनलेस स्टील

सी] कॉपर शीट

डी] धातु की चादरें

105] डेयरियों में। खाद्य प्रसंस्करण, रसोई के बर्तन आदि

ए] जस्ती लोहा

बी] स्टेनलेस स्टील

सी] कॉपर शीट

डी] धातु की चादरें

106] बाल्टी, हीटिंग नलिकाएं, अलमारियाँ आदि बनाने के लिए।

ए] जस्ती लोहा
बी] स्टेनलेस स्टील
सी] कॉपर शीट
डी] धातु की चादरें
107] एक शीट में कई छेदों को छिद्रण के रूप में जाना जाता है?
ए) छिद्रण
बी) बिदाई
सी) नॉचिंग
घ) लांसिंग
108] शीट को दो या दो से अधिक टुकड़ों में काटने को क्या कहा जाता है?
ए) छिद्रण
बी) बिदाई
सी) नॉचिंग
घ) लांसिंग
109] शियरिंग ऑपरेशन में किनारों से टुकड़ों को हटाना कहलाता है?
ए) छिद्रण
बी) बिदाई
सी) नॉचिंग
घ) लांसिंग

औद्योगिक प्रशिक्षण संस्थान

मासिक टेस्ट -6, अंक- 20, तिथि:- _______________

(प्रत्येक प्रश्न दो अंक का होता है)

182] निम्नलिखित में से किसका उपयोग केवल
धागे के सही रूप को खत्म करने और बनाए रखने के लिए किया जाता है?
नल
बी] थ्रेडिंग टूल
सी] थ्रेडिंग चेज़र
डी] इत्तला दे दी उपकरण
188] एक डाई जिसमें एक स्ट्रोक में एक से अधिक कटिंग ऑपरेशन बनते हैं
ए] पियर्सिंग डाई
बी] प्रोग्रेसिव डाई
C] कॉम्बिनेशन डाई
डी] कंपाउंड डाई
189] एक डाई जिसमें प्रति स्ट्रोक कटिंग और नॉन कटिंग ऑपरेशन किए जाते हैं।

ए] पियर्सिंग डाई

बी] प्रोग्रेसिव डाई

C] कॉम्बिनेशन डाई

डी] कंपाउंड डाई

मरो टैप करें

190] एक डाई जिसमें दो या दो से अधिक स्टेशनों पर दो या दो से अधिक अनुक्रमिक संचालन किए जाते हैं

काम पर।

ए] पियर्सिंग डाई

बी] प्रोग्रेसिव डाई

C] कॉम्बिनेशन डाई

डी] कंपाउंड डाई

191] एक डाई जिसमें पंच और डाई का आकार सीधे धातु में कम या बिना धातु प्रवाह के पुनः उत्पन्न होता है।

ए] प्रोग्रेसिव डाई

बी] संयोजन मरो

C] कंपाउंड डाई

डी] मरने का गठन

192] किसी भी आकार के छेद बनाने के लिए इस्तेमाल की जाने वाली डाई।

ए] पियर्सिंग डाई

बी] प्रोग्रेसिव डाई

C] कॉम्बिनेशन डाई

डी] कंपाउंड डाई

193] अपघर्षक ............... में वर्गीकरण हैं।

ए] दो प्रकार

बी] तीन प्रकार

ग] एक प्रकार

डी] चार प्रकार

194] अपघर्षक से बने पीसने वाले पहिये इसके मुक्त और ठंडे काटने की क्रिया के कारण सबसे आम हैं।

ए] एल्यूमिनियम ऑक्साइड

बी] सिलिकॉन ऑक्साइड

सी] अमोनियम ऑक्साइड

डी] कार्बाइड।

धातु सामग्री को काटने के लिए पहियों को काटने के लिए किया जाता है ?

ए] एल्यूमिनियम ऑक्साइड

बी] सिलिकॉन कार्बाइड

सी] हीरा

डी] उपरोक्त में से कोई नहीं

196] टंगस्टन कार्बाइड उपकरण डालने को पीसने के लिए किस अपघर्षक कण का उपयोग किया जाता है?

ए] सिलिकॉन कार्बाइड

बी] ए|203

सी] हीरा

डी] कोरन्डम

औद्योगिक प्रशिक्षण संस्थान

मासिक टेस्ट-7, अंक- 20, दिनांक:- ____________________

(प्रत्येक प्रश्न दो अंक का होता है)

200] कंक्रीट के पत्थर और चिनाई को काटने के लिए किस तरह के अपघर्षक कट ऑफ व्हील का उपयोग किया जाना चाहिए?

ए] सिलिकॉन

बी] अल 203

सी] डायमंड ग्रिट

डी] ग्लास

201] एल्युमिनियम ऑक्साइड व्हील पीसने के लिए प्रयोग किया जाता है ------------

ए] कच्चा लोहा

बी] सीमेंटेड कार्बाइड।

सी] एचएसएस '

डी] सिरेमिक

202] इत्तला दे दी गई औज़ार की ऑफहैंड ग्राइंडिंग के लिए उपयुक्त हीरे के पहिये का बंधन ...........

ए] रेजिनोइड

बी] विट्रिफाइड

सी] शैलैक

डी] धातु

पीसने का चक्का

318] प्रति इंच थ्रेड्स की संख्या की जाँच a . से की जा सकती है

ए] टूल गेज

बी] गिनती द्वारा मीट्रिक नियम

सी] रिंग गेज

डी] पेंच पिच गेज

पेंच पिच गेज

319] थ्रेडिंग करते समय, गाड़ी को रास्ते में ले जाया जाता है

ए] एक ट्रैक पर एक गियर ट्रेन

बी] फीड रॉड स्पलाइन या की-वे

सी] लीड स्क्रू थ्रेड

डी] हाथ पहिया

320] थ्रेड चेज़र का उपयोग के लिए किया जाता है

ए] धागे का त्वरित उत्पादन

बी] धागे का एक सटीक रूप बनाए रखना

सी] कठोर सामग्री पर धागे काटना

डी] नरम सामग्री पर धागे काटना

प्रश्न 1. निम्नलिखित में से कौन दुर्घटना का कारण नहीं है

ए)। खतरे के बारे में जागरूकता

बी)। सुरक्षा की अवहेलना

सी)। उचित सुरक्षा प्रक्रियाओं की समझ का अभाव

डी)। औजारों का अनुचित उपयोग

प्रश्न 2. यदि आपके मित्र को भारी बिजली का झटका लगता है, तो पहली क्रिया क्या है?

ए)। दोस्त को लाइव कंडक्टर से खींचो

बी)। दोस्त को जलने से बचाने के लिए पानी डालो

सी)। प्राथमिक चिकित्सा बॉक्स लायें

डी)। करंट को तुरंत बंद कर दें

Q 3. निम्नलिखित को सुमेलित कीजिए - सुरक्षा चिन्ह आकृति

(i) निषेध चिह्न (p) त्रिकोणीय

(ii) चेतावनी चिन्ह (क्यू) वर्ग

(iii) सूचना (आर) डेटा

ए)। (i) - (आर); (ii) - (पी); (iii) - (क्यू)

बी)। (i) - (पी); (ii) - (आर); (iii) - (क्यू)

सी)। (i) - (आर); (ii) - (क्यू); (iii) - (पी)

डी)। (i) - (क्यू); (ii) - (पी); (iii) - (आर)

प्रश्न 4. चित्र में दर्शाए अनुसार चेतावनी चिन्ह को पहचानें -

ए)। विस्फोट का खतरा

बी)। बिजली के झटके का खतरा

सी)। आयनकारी विकिरण का जोखिम

डी)। आग का खतरा

औद्योगिक प्रशिक्षण संस्थान

मासिक टेस्ट -8, अंक- 20, तिथि:- ______________

(प्रत्येक प्रश्न दो अंक का होता है)

Q 10. घूंसे ___________ के बने होते हैं।

ए)। स्टेनलेस स्टील

बी)। औजारों का स्टील

सी)। नरम इस्पात

डी)। कच्चा लोहा

Q 11. निम्नलिखित में से कौन रिवेट का हिस्सा नहीं है?

ए)। सिर

बी)। शरीर

सी)। पूंछ

डी)। खटास

Q 12. धातु की सतह के ऊपर कीलक सिर की ऊंचाई को कम करने के लिए ___________ का उपयोग किया जाता है।

ए)। मशरूम सिर

बी)। स्नैप हेड

सी)। सिर के ऊपर

डी)। काउंटरसंक हेड

प्रश्न 13. चित्र में दिखाए अनुसार कीलक की पहचान करें -

ए)। सिर के ऊपर

बी)। काउंटरसंक हेड

सी)। स्नैप हेड

डी)। मशरूम सिर

Q 15. सोल्डरिंग में, ___________ का उपयोग मुख्य रूप से स्टेनलेस स्टील के लिए फ्लक्स के रूप में किया जाता है।

ए)। फॉस्फोरिक एसिड

बी)। हाइड्रोक्लोरिक एसिड

सी)। जिंक क्लोराइड

डी)। अमोनियम क्लोराइड

प्रश्न 16. पीतल, तांबा और आभूषणों की सोल्डरिंग के लिए किस प्रकार के सोल्डर का उपयोग किया जाता है

ए)। आम मिलाप

बी)। मोटे मिलाप

सी)। ठीक मिलाप

डी)। अतिरिक्त ठीक मिलाप

Q 18. सिल्वर सोल्डर का गलनांक ______ होता है।

ए)। 350°C

बी)। 400°C

सी)। 600°C

डी)। 850°C

Q 19. ब्लो लैम्प का टैंक __________ का बना होता है।

ए)। पीतल

बी)। पीतल

सी)। नरम इस्पात

डी)। कच्चा लोहा

Q 20. ब्लो लैंप के घटक X की पहचान करें जैसा कि चित्र में दिखाया गया है -

ए)। दबाव रिलीज वाल्व

बी)। समर्थन ब्रैकेट

सी)। पेट्रोल की टंकी पर लगाने वाला ढक्कन

डी)। बर्नर हाउसिंग

प्रश्न 21. चित्र में दिखाए अनुसार पाइप जोड़ के प्रकार की पहचान करें -

ए)। टी जोड़

बी)। शाखा संयुक्त

सी)। एल कोहनी संयुक्त एल

डी)। वाई संयुक्त वाई

औद्योगिक प्रशिक्षण संस्थान

मासिक टेस्ट-9, अंक- 20, दिनांक:- ____________________

(प्रत्येक प्रश्न दो अंक का होता है)

वेल्डिंग करते समय एसिटिलीन सिलेंडर को किस स्थिति में रखना चाहिए

ए)। सीधा सीधा

बी)। क्षैतिज

सी)। झुकाव की स्थिति में

डी)। इनमें से कोई नहीं

प्रश्न 31. चित्र में दिखाए अनुसार उपकरण की पहचान करें -
ए)। स्पार्क लाइटर
बी)। इलेक्ट्रोड होल्डर
सी)। पृथ्वी दबाना
डी)। टिप क्लीनर
Q 32. गैस वेल्डिंग ब्लो पाइप का नोजल __________ का बना होता है।
ए)। ताँबा
बी)। लोहा
सी)। पीतल
डी)। अल्युमीनियम
Q 33. निम्नलिखित में से कौन गैस वेल्डिंग में फ्लक्स का कार्य है?
ए)। घुलने वाला ऑक्साइड
बी)। सफाई
सी)। अशुद्धियों को रोकने के लिए
डी)। ये सभी
Q 34. आर्क वेल्डिंग में ऊष्मा का स्रोत क्या है?
ए)। टकराव
बी)। वोल्टेज
सी)। बिजली
डी)। गैस
Q 35. ऑक्सीजन गैस सिलेंडर का रंग __________ होता है।
ए)। हरा
बी)। नीला
सी)। लाल
डी)। काला
Q 36. निम्नलिखित में से कौन एक प्रकार का डोवेटेल सीम नहीं है?
ए)। मैदान
बी)। निकला हुआ
सी)। फिसलना
डी)। मोतियों
Q 37. शीट मेटल वर्क में एल्युमिनियम फैब्रिकेशन का उपयोग किया जाता है क्योंकि -
ए)। यह वजन में हल्का है
बी)। यह जंग के लिए प्रतिरोधी है
सी)। इसे प्रोसेस करना आसान है

डी)। ये सभी

Q 39. निम्नलिखित में से कौन एल्युमिनियम का गुण नहीं है?

ए)। यह हाइड्रोक्लोरिक एसिड में आसानी से घुल जाता है

बी)। इसका विशिष्ट गुरुत्व लगभग 2.7 . है

सी)। यह एक चुंबकीय पदार्थ है

डी)। यह गर्मी और बिजली का बहुत अच्छा संवाहक है

Q 40. तांबे का गलनांक __________ होता है।

ए)। 1063 डिग्री सेल्सियस

बी)। 1083 डिग्री सेल्सियस

सी)। 660 डिग्री सेल्सियस

डी)। 2300 डिग्री सेल्सियस

औद्योगिक प्रशिक्षण संस्थान

मासिक टेस्ट-10, अंक- 20, दिनांक:- __________________

(प्रत्येक प्रश्न दो अंक का होता है)

Q 96. निम्न में से कौन सा एल्युमिनियम का अनुप्रयोग नहीं है

ए)। इसका उपयोग स्टील के निर्माण में कम करने वाले एजेंट के रूप में किया जाता है

बी)। इसका उपयोग स्टील की ढलाई में किया जाता है

सी)। इसका उपयोग विद्युत इन्सुलेटर के निर्माण में किया जाता है

डी)। इसका उपयोग पाउडर के रूप में पेंट के निर्माण में किया जाता है

Q 97. एल्युमिनियम के बारे में निम्नलिखित में से कौन सा कथन सत्य है?

ए)। यह तन्य धातु है

बी)। यह गैर-चुंबकीय है

सी)। एल्युमिनियम ऑक्साइड में एल्युमिनियम की तुलना में अधिक गलनांक होता है

डी)। ये सभी

Q 98. पीतल तांबे का मिश्र धातु है और ____________

ए)। अल्युमीनियम

बी)। जस्ता

सी)। टिन

डी)। इस्पात

Q 99. एक शीट में कई छेद करना _________ के रूप में जाना जाता है

ए)। छिद्रण

बी)। जुदाई

सी)। निशाना साधना

डी)। लैंसिंग

Q 100. घूंसे ___________ से बने होते हैं

ए)। स्टेनलेस स्टील

बी)। औजारों का स्टील

सी)। नरम इस्पात

डी)। कच्चा लोहा

Q 101. हाइड्रोलिक पाइपबेंडिंग मशीन का ऑपरेटिंग सिद्धांत निम्नलिखित में से कौन सा है?

ए)। यह संचालित करने के लिए गतिज ऊर्जा का उपयोग करता है।

बी)। यह संचालित करने के लिए हाइड्रोलिक पावर का उपयोग करता है।

सी)। यह संचालित करने के लिए परमाणु शक्ति का उपयोग करता है

डी)। इनमें से कोई नहीं

Q 102. एक शीट धातु को वक्र अक्ष के साथ मोड़ने की क्रिया को _________ के रूप में भी जाना जाता है

ए)। बनाने

बी)। जल्दी से आगे बढ़नेवाला

सी)। निशाना साधना

डी)। स्लिटिंग

Q 103. स्थिरता एक उपकरण है जो ______________

ए)। वर्कपीस धारण करता है

बी)। वर्कपीस का पता लगाता है

सी)। वर्कपीस को होल्ड और लोकेट करता है

डी)। वर्कपीस को न तो पकड़ता है और न ही ढूंढता है

Q 104. निम्नलिखित में से कौन-सा एक जिगो का तत्व है?

ए)। आधार

बी)। टूल गाइडिंग फ्रेम

सी)। शरीर

डी)। ये सभी

Q 105. एक घुमावदार शीट धातु को सीधा करने के संचालन को __________ के रूप में जाना जाता है

ए)। योजना बनाना

बी)। चित्रकला

सी)। फैलाएंगे

डी)। गढ़ने

मासिक टेस्ट-11, अंक- 20, दिनांक:- ________________

(प्रत्येक प्रश्न दो अंक का होता है)

Q 115. चित्र में दिखाई गई वेल्डिंग प्रक्रिया का नाम बताइए।

ए)। छूत

बी)। मिग

सी)। पत्रिका

डी)। एमएमएडब्ल्यू

Q 116. निम्नलिखित में से कौन स्पंदित TIG वेल्डिंग का एक लाभ है

ए)। कम विकृति

बी)। कम गर्मी के साथ बेहतर पैठ

सी)। दोनों कम विरूपण और कम गर्मी के साथ बेहतर पैठ

डी)। इनमें से कोई नहीं

Q 117. निम्न में से कौन TIG वेल्डिंग में अंडरकट का कारण है?

ए)। अशुद्ध वर्कपीस सतह

बी)। वेल्डिंग करंट बहुत अधिक

सी)। अपर्याप्त परिरक्षण गैस

डी)। ये सभी

क्यू 118. टंगस्टन इलेक्ट्रोड के लिए एक मानक रंग संकेत है। शुद्ध टंगस्टन को _______ रंग से चिह्नित किया जाता है

ए)। हरा

बी)। काला

सी)। लाल

डी)। नीला

Q 119. TIG वेल्डिंग की सीधी ध्रुवता में, _______% ऊष्मा इलेक्ट्रोड सिरे तक जाती है।

ए)। 30

बी)। 50

सी)। 70

डी)। 100

Q 120. आकृति में दिखाए गए वेल्डिंग जोड़ को पहचानें।

ए)। टी जोड़

बी)। कोने का जोड़

सी)। बट जोड़

डी)। लैप जॉइंट

Q 121. पट्टिका संयुक्त के लिए निम्नलिखित में से कौन सा वेल्ड प्रतीक है

ए)। 30

बी)। 50

सी)। 70

डी)। 100

Q 122. लेजर कटिंग में एज मशीनिंग भत्ता ________ है

ए)। 9.52 मिमी

बी)। 5.08 मिमी

सी)। 1.27 मिमी

डी)। 3.03 मिमी

Q 123. प्लाज्मा कटिंग का निम्न में से कौन सा लाभ है

ए)। सभी धातुओं और अधातुओं को काटा जा सकता है।

बी)। सभी पदों पर कटिंग संभव है।

सी)। काटने की कम लागत

डी)। ये सभी

Q 124. निम्नलिखित में से किस सामग्री को वाटर जेट कटिंग से नहीं काटा जा सकता है?

ए)। टेम्पर्ड ग्लास

बी)। प्लास्टिक

सी)। पथरी

डी)। चमड़ा

औद्योगिक प्रशिक्षण संस्थान

मासिक टेस्ट-12, अंक- 20, दिनांकः- ____________________

(प्रत्येक प्रश्न दो अंक का होता है)

Q 1] चित्र में दिखाए गए वेल्डिंग जोड़ को पहचानें]

ए] टी जॉइंट

बी] कॉर्नर संयुक्त

सी] बट संयुक्त

डी] गोद संयुक्त

Q 2] ऑक्सी-एसिटिलीन ज्वाला के दहन से लगभग ________ डिग्री उत्पन्न होती है सेंटीग्रेड तापमान]

ए] 2400 से 2700

बी] 1800 से 2200

सी] 3100 से 3300

डी] 1825 से 1875

Q 3] एसिटिलीन गैस कार्बन से बनी होती है और ___________

ए] आर्गन

बी] नाइट्रोजन

सी] ऑक्सीजन

डी] हाइड्रोजन

Q 4] एसिटिलीन गैस सिलेंडर का रंग _____ होता है

एक हरा रंग

बी] काला

सी] मैरून

डी] नीला

Q 5] किस गैस सिलेंडर को DA गैस सिलेंडर भी कहा जाता है?

ए] एसिटिलीन गैस सिलेंडर

बी] ऑक्सीजन गैस सिलेंडर

सी] आर्गन गैस सिलेंडर

डी] इनमें से कोई नहीं

Q 6] तरल एसीटोन का 1 आयतन एसिटिलीन के _______ आयतन को भंग कर सकता है

सामान्य वायुमंडलीय दबाव और तापमान में गैस]

ए] 10

बी] 20

सी] 25

डी] 30

Q 7] निम्नलिखित में से कौन सा एक प्रकार का गैस नियामक है जिसका उपयोग ऑक्सीसेटिलीन में किया जाता है

गैस वेल्डिंग?

ए] सिंगल स्टेज रेगुलेटर

बी] डबल स्टेज रेगुलेटर

सी] सिंगल और डबल स्टेज रेगुलेटर दोनों

डी] इनमें से कोई नहीं

Q 8] चित्र में दिखाए गए उपकरणों की पहचान करें]

ए] गैस नियामक

बी] वेल्डिंग ब्लोपाइप

सी] टिप क्लीनर

डी] स्पार्क लाइटर

क्यू 9] ऑक्सी एसिटिलीन गैस काटने वाली मशाल में, काटने की नोक का कोण शरीर के साथ ___ डिग्री है]

ए] 45

बी] 60

सी] 90

डी] 120

क्यू 10] ऑक्सी एसिटिलीन गैस वेल्डिंग ब्लोपाइप में, वेल्डिंग का कोण गर्दन के साथ नोक ___ डिग्री है]

ए] 45

बी] 60

सी] 90

डी] 120

www.ingramcontent.com/pod-product-compliance
Ingram Content Group UK Ltd.
Pitfield, Milton Keynes, MK11 3LW, UK
UKHW021916190726
13853UKWH00002B/697

9 798888 693810